Eduard von Habsburg-Lothringen

Wo Grafen schlafen

Zum Autor

Dr. phil. Eduard von Habsburg-Lothringen ist Verfasser von philosophischen Schriften, Sachbüchern, Drehbüchern für Film und Fernsehen und Romanen. Er war Gastprofessor für Philosophie an der Universität Lugano. Wenn es seine Zeit erlaubt, bietet er Führungen in verschiedenen Schlössern an.

Eduard von
Habsburg-Lothringen

Wo *Grafen* schlafen

Was ist wo
im Schloss und warum?

Verlag C.H.Beck

Mit 12 Illustrationen von Reinhard Blumenschein

© Verlag C.H.Beck oHG, München 2011
Gesetzt aus der Bembo im Verlag C.H.Beck, München
Druck und Bindung: Pustet, Regensburg
Umschlaggestaltung: * zeichenpool, München
Umschlagabbildung: © Reinhard Blumenschein
Gedruckt auf säurefreiem, altersbeständigem Papier
(hergestellt aus chlorfrei gebleichtem Zellstoff)
Printed in Germany
978 3 406 60703 5

www.beck.de

«Deutschland war kein Land der Städte, es war bevölkert von Bauern und ein paar kauzigen Aristokraten…»

Daniel Kehlmann, Die Vermessung der Welt

«Das Wittumpalais, die Würzburger Residenz (…) und gottlob noch viele andere deutsche Schlösser sind Individuen, einmalig und unverwechselbar. Daneben aber steht die große Menge, aus welcher der Typ des deutschen Normalschlosses destilliert wird.»

Werner Bergengruen, Das Normalschloss

Gewidmet meinem Großvater, Karl Fürst zu Löwenstein, und der dahingegangenen Welt von Bronnbach.

Meinen ganz besonderen Dank für Lektüre, zahlreiche Ergänzungen und Geschichten an Sigismund Freiherrn zu Elverfeldt-Ulm und Christoph Graf Waldburg.

Inhalt

Einleitung

Ja, Burgen.

Bücher über Burgen gibt es viele; in den Kinderbuch-
abteilungen stehen sie oft reihenweise, mit Belagerungs-
illustrationen, Kriegsmaschinen, Rittern und Burggräben.
Jedes Kind mag Ritter und Burgen.

Aber was ist mit den Nachfolgern der Burgen, über die
wir vergeblich ähnlich bunte und spannende Darstellungen suchen? Überall sind sie ja zu finden in Deutschland,
Österreich und der Schweiz: in Städten oder verloren auf
dem Land; oft vergessen hinter meterhohen Hecken und
in kilometertiefen Parks oder mitten auf Hauptplätzen; von
der Größe eines besseren Hauses oder aber mit den Aus-
dehnungen einer Kleinstadt. Sie sind viereckig oder rund
oder sechseckig, haben einen Innenhof oder nicht, werden
von Wassergräben umgeben oder nicht. Vorsichtige Schät-
zungen von Fachleuten gehen von mehreren tausend aus,
andere sprechen sogar von über zehntausend! Und alle diese Gebäude tragen denselben Namen: Schloss.

Doch was ist das genau, ein Schloss?

Ich selber habe nie über längere Zeit in einem gelebt.
Aber das Schloss, welches für mich zum Schloss schlechthin wurde, in dem ich viele Sommer- und Winterwochen
meiner Jugend zubrachte, ist eigentlich keines. Es ist viel-

mehr ein ehemaliges Zisterzienserkloster. Und dennoch ist es völlig eindeutig auch ein Schloss. In gewisser Weise steht Bronnbach im Taubertal für die große Frage, was denn nun eigentlich ein Schloss ist – eine Frage, die gar nicht so einfach zu beantworten ist. Da ist es schon leichter, sich zu fragen, was kein Schloss ist: eine Burg zum Beispiel. Oder ein Stadtpalais. Oder? Nun gibt es aber auch Burgen, die zu Schlössern umgebaut wurden; oder Stadtpalais, die den Namen Schloss tragen. Manche Schlösser heißen Villa; manche Villen Schloss; in Westfalen heißen Schlösser oft Haus; was nicht heißt, dass dort jedes Haus ein Schloss ist. Verwirrend, ich weiß.

Die Suche nach dem Idealen Schloss

Vielleicht so: der Philosoph Platon lehrte seine Zeitgenossen, hinter den singulären Erscheinungsformen einer Sache, sagen wir eines Baumes, die eigentliche Idee des Baumes zu erspüren, den Baum an sich sozusagen, durch den alle verschiedenartigen Bäume ihr «Baum-Sein» haben. Ist es möglich, dieses in der Welt der Ideen existierende «Schloss an sich» zu finden? Eine Idee durchzuspüren, wo immer man ein Schloss besichtigt?

Vielleicht am ehesten über den Geruch: In meiner Studienzeit machten wir einmal eine Exkursion in ein Schlösschen in der Nähe. Und kaum hatten wir die große Eingangshalle betreten, da traf er mich schon mit der Wucht eines Expresszuges: der Geruch. Dieser ganz spezielle Geruch. Ich konnte die Augen schließen und wusste unfehlbar: du bist in einem Schloss. Damals dachte ich nicht länger darüber nach; heute weiß ich, dass meine alltägliche Realität in diesem Moment von der Transzendenz berührt worden war, von der Idee des Schlosses an sich, die mich angeweht hatte.

Oder über den Gehörsinn? Wenn wir etwa dem Geräusch von knirschendem Kies unter unseren Schuhsohlen nachspüren, das uns so viel über die Welt des Schlosses verraten kann?

Begeben wir uns also in diesem Büchlein mit allen Sinnen auf die Spuren dieser Elemente des Idealen Schlosses, zuhause im Wohnzimmer oder in einem der vielen hundert Schlösser, die nur darauf warten, von uns besichtigt zu werden. Es will neugierig machen auf Räume, Beziehungen, Gerüche, die uns etwas erzählen können, wenn wir nur hinhören; auf die kleinen, oft winzigen Details in Räumen, die eine ganze Welt in sich tragen.

Eine Führung soll es werden...

Begeben wir uns gemeinsam auf eine Führung durch ein Schloss, durch das Ideale – nicht das perfekte – Schloss, gewissermaßen durch die Idee des Schlosses. Mit einer literarischen Führung durch ein Schloss stehe ich natürlich in einer gewissen Tradition, einer Tradition allerdings der missglückten und skurrilen Führungen.

Wer vergisst etwa so schnell die prächtige Führung durch das Schloss von Quedlinburg, welche Theodor Fontane seine Heldin und ihre Freunde in dem kurzen Roman «Cécile» erleben lässt? Dieser Führer tut sich vor allem dadurch hervor, dass er vor allem begeistert erzählt, was *nicht mehr* da ist, wo beispielsweise einst der Äbtissinnenthron gestanden hat. Zu den noch vorhandenen Dingen lässt er sich hingegen eher nebenbei herab.

Auch Kurt Tucholsky lässt seine beiden Liebenden in

«Rheinsberg» (1912) das gleichnamige Schloss besichtigen; sie werden genötigt, je ein Paar der zwanzig, dreißig Paar braunen Filzschuhe überzustreifen, die in der Eingangshalle verstreut liegen; und erleben eine mehr komische als ernste, ziemlich heruntergeleierte Führung vorbei an Gemälden, die einem angeblich nachblicken, und steifen Salons mit mathematisch aufgereihten Stühlen an den Wänden.

Ein Albtraum der ganz besonderen Art ist die Schlossführung, an der wir in Werner Bergengruens kurzem Text «Das Normalschloss» (1953) teilnehmen dürfen. Wir streifen widerspruchslos die auch hier unvermeidlichen dunkelbraunen Filzschuhe über und folgen mit wachsendem Erstaunen den knappen, humorlosen Kurzinformationen, welche die strenge Kastellanin auf ihre Gruppe niederprasseln lässt. Zwischenfragen und Neugierde werden nicht ermutigt, die Inhalte werden austauschbar, und irgendwann schalten alle erschöpft ab im gnadenlosen Stakkato-Hagel von Kuppeln und Meissner Porzellan, durcheilten Jagdzimmern und austauschbaren Stichen. Das Schloss ist zum Normalschloss geworden – es scheint einem, diese Führung hätte auf dieselbe lieblose Art in jedem beliebigen Schloss stattfinden können.

Diese abschreckenden Beispiele sollen uns ermutigen, es anders zu machen. Dieses Buch ist eine Liebeserklärung an das Schloss an sich. Es soll Erinnerungen, Bilder, Gerüche, Geräusche heraufbeschwören. Wir brauchen keine Filzschuhe überzustreifen, schon gar nicht braune, wenn wir dieses Idealschloss und damit zugleich alle Schlösser besuchen. Wir können uns in einem Schloss befinden – oder auf dem Weg zu einem sein; zuhause im Lehnsessel, auf der Bank im Park oder in der Bahn sitzen. Unser Ideales

Schloss hat immer geöffnet. Es steht in ganz Österreich, Deutschland oder der Schweiz, und nach seiner Besichtigung werden wir die konkreten vor unserer Tür vielleicht ein wenig besser verstehen, und uns darin mehr zuhause fühlen.

Zugleich müssen wir auch über die Begrenzungen ein paar Worte sagen. Die wenigen Seiten eines kleinen Buches reichen nie aus, das Phänomen Schloss *in seiner Gesamtheit* zu beschreiben. Zu viele Schlösser gibt es in Ost, West, Süd und Nord, zu weit ist das Feld, zu unterschiedlich in Form, Ausstattung, Verwendung. Und es gibt sehr wenig Forschungsliteratur zu Schlössern im Allgemeinen, aus genau diesen Gründen.

Zudem ist mein eigener Erfahrungskreis beschränkt – ich habe viele Schlösser besucht und gesehen, in Deutschland mit Schwerpunkt Süddeutschland, Österreich, einige in Norddeutschland und England, und im nahen Einzugsbereich wie Frankreich oder Italien, aber weder alle noch in allen Gegenden des deutschen Sprachraumes; die neuen deutschen Bundesländer fehlen mir beispielsweise fast vollständig.

Im Übrigen – bis zu zehntausend Schlösser, die könnte man ja sowieso in einem Leben nicht besuchen.

Und nein, alle Dinge, die hier beschrieben werden, sind nicht in allen Schlössern so. Beschweren Sie sich also nicht, wenn in dem Schloss, das Sie besichtigen, anders, als ich postuliere, etwa zahllose Bäder in der Beletage sind oder überhaupt keine Bibliothek.

Dies ist auch nicht in erster Linie ein Buch über Adlige und ihre Lebenswelt, auch wenn wir das Thema zwangsläufig einige Male streifen werden.

Nein, dieses Buch will unsere Augen, Ohren und Nasen, unseren Tastsinn und unser zweites Gesicht öffnen für große und kleine Details, die uns in Schlössern begegnen – und die Geschichte dahinter.

Herangang

Auf den Weg müssen wir uns auf jeden Fall machen. Schlösser stehen nämlich meistens außerhalb von Ortschaften, obwohl es natürlich auch hier zahllose Ausnahmen gibt – die Stadtschlösser und -palais.

Einen kleinen Weg müssen wir in jedem Fall zurücklegen, und das ist gut so. Mit einer Schlossbesichtigung verlassen wir nämlich unsere vertraute Umgebung und tauchen in eine andere, ältere Welt ein. Nehmen wir an, unser Idealschloss liegt außerhalb der Großstadt, in welcher oder in deren Nähe wir leben. Wir fahren also los, durchqueren Landschaft, hoffentlich nicht mit allzu vielen Industriegebieten, lassen nach und nach das 21. Jahrhundert von uns abgleiten, öffnen unsere Sinne für eine ganz andere Welt. Vielleicht an einem Waldrand, vielleicht in einem Dörfchen, irgendwann parken wir jedenfalls unseren Wagen – aber vielleicht sehen wir das Schloss noch gar nicht. Bevor wir nämlich unserem Protagonisten begegnen, dem Schloss, nehmen wir noch einen kleinen Umweg durch den… Schlossgarten.

A Walk in the Park

Manchmal ist es ein richtiger Park, manchmal nur ein kleiner Garten, manchmal ist nichts dergleichen vorhanden (aber das ist eher die Ausnahme): der Park gehört zum Schloss wie die Bibliothek. Früher waren Schlossparks die ausschließliche Domäne der Schlossbesitzer, heute sind die meisten von ihnen dem allgemeinen Publikum zugänglich, und so müssen wir nicht fürchten, einen Hund auf den Hals gehetzt zu bekommen, wenn wir unseren ideellen Park durchschreiten, um zum Schloss zu gelangen.

Barockgärten...

Während sich kaum noch Spuren von Parks aus der Renaissance nördlich der Alpen finden, können sich die meisten Schlossparks im deutschsprachigen Raum zumindest in ihrem Kern auf die Zeit des Barock, genauer genommen die Jahre nach dem Westfälischen Frieden von 1648, dem Ende des Dreißigjährigen Krieges, zurückführen lassen. Im Allgemeinen gilt für Parks dasselbe, was wir später auch bei Schlössern sehen werden; die Geschmäcker ändern sich, die Vorstellungen von Gestaltung und Architektur ebenso; selten, dass etwas in Reinform aus alten Zeiten überdauert hat; aber ebenso selten, dass wir nicht noch Spuren des Alten im Neuen entdecken können.

Der Hauptgrund für das Vorhandensein von Gärten und Parks ist die Kombination von zwei Stichworten, die uns immer wieder begegnen: *Komfort* und *Repräsentation*.

Die mittelalterlichen Burgen hatten praktisch nie Gärten,
und wenn überhaupt, dann waren es Gemüse- oder Obst-
gärten für das Überleben bei Belagerungen. Renaissance-
gärten, von denen aber fast keine mehr da sind, waren bereits zu Zierzwecken angelegt.

Mit dem Ende des Dreißigjährigen Krieges ergoss sich
die Welt der barocken Herrschaft plötzlich in die verwüs-
tete Welt hinaus; nun musste man sich nicht mehr verteidigen, nun konnte man als Fürst, Graf oder niedriger

Edelmann nach Herzenslust Schönheit schaffen. Jetzt, wo man nicht mehr ständig um sein Leben bangen musste, wo man als repräsentierender barocker Landesherr auch Zeit und Müßiggang hatte, konnte ein Park endlich der reinen Erholung, Schönheit, der Repräsentation dienen, wie das große Vorbild in Versailles, wo ein gänzlich neu geschaffener Hof über Kieselsteinwege schritt und sich in Parks erging.

Damals, vor den großen Veränderungen der Romantik, welche um den Beginn des 19. Jahrhunderts herum stattfanden, waren Parks und Gärten barocke Meisterwerke, oder wie man damals sagte: französische. Also streng geometrisch konstruierte Anlagen, in unmittelbarer Nähe des Schlosses, gartenarchitektonisch in Proportion und Grundform daran angelehnt. Mit Beeten, langen Alleen, die gewissermaßen die absolutistische Macht des Herrschers bis an den Horizont verlängerten, kniehohen Buchshecken neben Kieselsteinwegen oder höheren Abgrenzungen; größer oder kleiner je nach Budget des Schlossbesitzers und immer angelehnt an den großen Vorbildern in Frankreich, vor allem natürlich Versailles.

Einige solche strengen, absolutistischen Parks und Gärten gibt es noch; natürlich war es mir als Kind nicht bewusst, aber der Garten in Bronnbach war zur einen Hälfte reines Barock, zur anderen bereits das «Nachfolgemodell».

...und Englische Gärten

Ab Ende des 18. Jahrhunderts, im Zeitalter der Romantik und der historischen Schlossüberarbeitungen, verwandelten sich diese Parks zu Englischen Landschaftsgärten – der Parkform also, die für die meisten von uns heute die «normale» ist. In Absetzung zur Formenstrenge des Barock entstand dieses natürlich wirkende Ineinander von großen offenen Wiesenflächen und einzelnen Baumgruppen mit hohen alten Bäumen, stets gewundenen, verspielten Wegen zum Sich-Verlieren (während im Barockgarten alle Wege schnurgerade waren), Wasserläufen, Landschaftsmodellierung mit Hügeln und Ausblicken, romantischen Pseudoruinen und ähnlichen Spielereien. Eben der Englische Garten – und damit das, was in unserer Phantasie ein «Schlosspark» ist. So sind denn die meisten Schlösser heute von solchen prächtigen Parks umgeben, die wir manchmal durchwandern müssen oder dürfen, um zum Gebäude zu gelangen.

Eigentlich hat sich der Schlosspark oder -garten nach der Mitte des 19. Jahrhunderts praktisch nicht weiterentwickelt, bis auf einige neue, unverzichtbare Accessoires wie Tennisplatz und Swimming-Pool; heute aus solchen Parks kaum wegzudenken und meistens nicht allzu weit vom Schloss entfernt. Vielleicht sehen wir sie auf unserem Weg zum Hauptgebäude.

Aber halten wir noch einmal inne, bevor wir zum Schloss kommen.

Ich bin nicht sicher, ob unsere moderne Welt noch die Sinnesorgane hat, um den Zauber eines Schlossparks wirklich wahrzunehmen; vielleicht fehlen uns die schönen Damen in luftigen Sommerkleidern des 19. Jahrhunderts, um das Bild zu vervollkommnen; vielleicht die Muße, diese schläfrige Ruhe in uns aufzunehmen.

Wer einen Einblick in diese Welt bekommen will, ein Verständnis dafür, was der Park für ein Schloss in jenen vergangenen Epochen wirklich bedeutet hat, dem seien Eduard von Keyserlings Bücher ans Herz gelegt. Niemand konnte so gut die ganze Wehmut einer entschwundenen Epoche einfangen wie er. Oder, wie Martin Mosebach einmal treffend in einem Keyserling-Nachwort schrieb: «Wenn es längst keinen Park mehr geben wird, wird man sich mit Hilfe von Keyserlings Schilderungen immer noch vorstellen können, welche Paradiesesverheißungen die alten europäischen Schlossgärten einmal enthielten.»

Irgendwann haben wir den Park aber durchschritten und stehen nun endlich vor dem Schloss selber.

Vor dem Schloss

Bevor wir unsere Augen über das Gebäude streifen lassen, lassen wir doch zuerst unseren *Gehörsinn* arbeiten. Wenn wir die Fußsohlen leicht verschieben, hören wir oft, wenn auch nicht immer, unter den Sohlen das Geräusch von scharrendem Kies. Dieses Geräusch weckt Assoziationen, Erinnerungen; an heiße Sommertage, den herb-staubigen Geruch von eben diesem feinen Kies, auf dem man saß, während sich Erwachsene etwa für ein Hochzeitsbild positionierten; an die Steinchen, die später immer ihren Weg in die Kleider und in die Haare fanden.

Tatsächlich sind Kieselsteine, vermutlich seit dem Barock, die Zufahrtsbedeckung *par excellence* für Schlösser. Sie sind seit meiner Kindheit untrennbar mit der Ankunft in einem Schloss verbunden, so sehr, dass es einen Ausdruck im «Schlossdeutsch» dafür gibt: «Kiesgeräusch haben». Das meint das mulmige Bauchwehgefühl, wenn man vor einem großen Haus mit fremden oder vertrauteren Bewohnern vorfährt, wo man einen Nachmittag oder sogar ein Wochenende verbringen wird. Und wird eben durch die knirschenden Kieselsteine ausgelöst, die man überqueren muss, bevor man eintritt.

Eine andere Form von «Kiesgeräusch» beschrieb mir einmal ein Schlosskind: Früher erwachte man bei ihr zu Hause regelmäßig von dem rhythmischen Scharren eines Rechens, mit welchem eine uralte Frau aus dem Dorf jeden Morgen in aller Herrgottsfrühe den Kies vor dem Schloss rechelte.

Übrigens hat mich später noch einmal das Geräusch von knirschenden Kieseln erschüttert, aber das war nicht vor einem Schloss; das war auf einem Ruderboot auf der Donau, als mein Begleiter mich auf ein singendes, schrilles Geräusch hinwies, das man hören konnte, wenn man das Ohr nahe ans Wasser legte. Es war der ewig unaufhörliche Gesang der Millionen und Abermillionen von Kieseln und Steinen, die sich unendlich langsam auf dem Flussbett dahin bewegen, auf ihrem Weg zum fernen Schwarzen Meer.

Jetzt aber genug der Vorrede: wenden wir uns endlich dem Schloss zu.

Was haben wir da vor uns?

Was verrät uns der erste Blick auf die Hauptperson unseres Buches?

Versuch einer Begriffsbestimmung

Groß.

Das dürfte der erste Eindruck sein. Nicht zwangsläufig gigantisch, das gibt es natürlich auch, aber «ein großes Haus» ist fast immer Teil des ersten Eindrucks. Und so schwer es ist, genau zu definieren, was ein Schloss ausmacht, so sehr sind sich doch alle einig – die Minimaldefinition ist schlichtweg: *ein großes Haus, ein stattliches, oft künstlerisch angelegtes großes Haus …*

… ergänzt durch den Hinweis: *in dem früher Landesherren oder andere Adlige gewohnt/residiert haben.* Denn auch ein Gefängnis wäre ja ein großes Haus. Also irgendwie gehört das Wohnen dazu, und dass es irgendwie schön ist und ausgeschmückt. Alles andere ist bereits schwieriger.

Sehr vage klingt das alles, unbefriedigend und irgendwie kreisend, aber wie schon zuvor angedeutet, ist es sehr schwer, ein Schloss auf dem Reißbrett festzunageln. Bevor wir ernsthaft über verschiedene Schlössertypen reden oder historische Entwicklungen, müssen wir über das Begriffschaos sprechen. Tatsächlich herrscht beim Thema Schloss eine heillose Verwirrung der Begriffe.

Kleine Kostprobe? Ein Schloss ist keine Burg – aber viele Burgen werden als Schlösser bezeichnet, viele Schlösser waren einstmals Burgen, und schon im Mittelalter nannte man manche Burgen «Schloss». Manche Schlösser waren einmal Villen beziehungsweise sind es noch, werden aber von der Bevölkerung ehrfurchtsvoll Schloss genannt. Herrenhäuser werden gerne Schloss genannt, und viele Schlösser in Westfalen tragen den Namen «Haus». Manches Schloss ist früher ein Kloster gewesen, und ich kenne einige, die vom Schloss wieder zurück zum Kloster gekehrt sind. Stadtpalais können Schlösser sein und umgekehrt. Es gibt Wasserschlösser, Jagdschlösser, Lustschlösser, die aber oft bessere Villen sind … und die Bezeichnungen sind vielfach austauschbar.

In Aristokratenkreisen existiert übrigens eine recht einfache Definition, ab wann ein Schloss ein Schloss ist:

«wenn es mehr als ein Treppenhaus hat». Das setzte eine gewisse Größe des Gebäudes voraus und das Bedürfnis nach
Repräsentation – beziehungsweise Treppenhäuser, die eben
bevorzugt vom Personal verwendet werden. Es heißt aber,
dass diese Definition manche Schlossbesitzer in Erklärungs-
notstand gebracht hat: bei Führungen durch ihre «bessere
Villa» weisen sie dann ganz gerne auf einen Bereich des
Schlosses hin, «wo früher einmal ein Treppenhaus gewesen
ist – vor dem Umbau…»

Noch einfacher machen können wir es uns nur mit
folgender Definition:

Ein Schloss ist, was die Leute in der Umgebung Schloss
nennen.

Und das ist meistens ein großes Haus, irgendwie künstlerisch geschmückt, in dem früher Landesherren residier-
ten und das nicht (mehr bzw. primär) Wehrzwecken diente.
Wichtig sind auf jeden Fall auch die Begriffe Repräsentation und Bequemlichkeit.

Wobei ich schon wieder seufzen muss, wenn ich an die
Ausnahmen denke.

Geschichtliche Entwicklungen

Vielleicht können wir einer Lösung näher kommen, wenn
wir aus dem historischen Blickwinkel den Begriff «Schloss»
einem Gebäude zuschreiben, mit dem historisch bedingte
Boden-, Gerichts- und andere Vollmachten verbunden sind
bzw. waren; und hier ist es unbedeutend, ob das Schloss
klein ist oder groß. Solche Vollmachten konnten etwa das

Recht sein, Gericht zu halten – Gerichtshoheit, die in den meisten Fällen 1848 endete. Vielleicht waren es territoriale Rechte, es konnte aber auch das Jagd- und Fischereirecht sein. Und natürlich das Taubenrecht, welches dazu führte, dass in vielen Schlössern noch heute ein Taubenturm steht; seltener als Station für das Brieftaubennetz, sondern mehr wegen des Fleisches, das dem Herrscher zustand – Taubenfleisch brach übrigens wegen der «Reinheit der Taube» das Fleischverbot der Fastenzeit nicht! In Grafenegg in Niederösterreich stand im Hof noch bis in die fünfziger Jahre ein barocker Taubenkogel.

Also – was für Schlösser gibt es und wie sehen sie aus? Sogar uns Idealen Schlossbesuchern sollte es möglich sein, eine Vorstellung von dem zu haben, was für ein Schloss wir da vor uns haben.

Dafür müssen wir natürlich aus unserer Ideensphäre einen kurzen Besuch hinaus in die Welt der realen Einzelschlösser machen.

Wenn wir zurück schauen, entstand das, was wir heute nebulös und nicht immer konsequent mit Schloss umschreiben, nach dem Mittelalter, nach den Burgen, zu einem Zeitpunkt, wo sich Adlige nicht mehr hinter Burgmauern auf Leben und Tod verteidigen mussten oder konnten – Feuerwaffen wie Kanonen und Veränderungen in der Kriegskunst machten die alten Sicherheiten der Burgringe obsolet.

Renaissanceschlösser

Die Einflüsse für die ersten Renaissanceschlösser nördlich der Alpen kamen wie so vieles, das mit Renaissance zu tun hat, aus Italien – hier entstanden ab dem 16. Jahrhundert erste freistehende Villen, die der Pracht und der Bequemlichkeit dienten und an der griechischen und römischen Antike orientiert waren. Ebenmäßige Fassaden, breite Fensterreihen, Säulen – das waren wichtige Kennzeichen. Im Norden begann man zunächst, dies unvollkommen nachzuahmen – indem man alte Festungs- und Burganlagen umbaute. Dann entstanden in Frankreich und Spanien erste echte, freistehende Schlossanlagen, die keine Festungen mehr waren, wie etwa der Escorial in Spanien, und mit einiger Verzögerung rückten die nördlicheren Staaten nach.

Reine Renaissanceschlösser aus dem 16. oder 17. Jahrhundert sind in Deutschland naturgemäß selten, da in den nächsten dreihundert Jahren noch mehrere große Stiländerungen folgen sollten – und viele Schlösser mehrfach umgebaut wurden. Aber es gibt sie doch, ob Schloss Celle, Glücksburg bei Flensburg oder das Isenburger Schloss in Offenbach, als Rest Schloss Horst in Gelsenkirchen, oder, als Beispiel der Weser-Renaissance, Schloss Hämelschenburg.

Barockschlösser

Mit der Epoche der absolutistischen Herrscher und in Nachfolge von Ludwig XIV., der als erster einen gigantischen Hofstaat an sich band und dementsprechende riesige Schlossanlagen vorgab, begann ab Ende des 17.Jahrhunderts die große Zeit der Barockschlösser.

Hier brauchen die deutschsprachigen Länder sich nicht zu verstecken, eine endlose Liste von reinen Barockschlössern könnte man aufzählen. Diese brillieren durch ihre strenge Symmetrie – die Schlösser, die sie umgebenden Parks und oft ganze Städte und Landstriche wurden nach mathematischen Ideen mit Zirkel und Lineal aufeinander abgestimmt. Schloss und Park verstehen sich als Teil eines Gesamtkunstwerkes. Die Grundidee ist, wie schon bei den Parks angedeutet: Die absolutistische Macht des Herrschers pflanzt sich fort in einer Kontrolle der Gebäude, der Parks und sogar der Landschaft. Alles, sogar die Natur, ordnet sich dem Landesherrn unter. Berühmte Barockschlösser sind etwa in München Nymphenburg und Schleißheim, die Würzburger Residenz, Augustusburg und Falkenlust in Brühl, Charlottenburg in Berlin sowie Schönbrunn und Belvedere in Wien.

Die äußere Fassade ist reich geschmückt und oft überbordend, gerne finden sich leuchtende Farben wie gelb oder rot. Im Inneren erkennt man diese Schlösser am ehesten an ihrem reichen Schmuck und den Verzierungen – und an ihrer Reihe von aufeinander folgenden Paradezimmern und Prunkräumen. Gern errichtete man diese Schlösser auch um Höfe herum. Gegen Ende der Barockphase gab es eine verspielte Variante, die Rokokoschlösser.

Klassizistische Schlösser

Im Übergang vom 18. ins 19. Jahrhundert kam dann eine Gegenbewegung auf. Vielen erschien die Pracht und Dekorationsvielfalt des Barock überladen und schwülstig, und man ging, wie in der Renaissance, wieder zurück zur Antike. Heraus kamen die klassizistischen Schlösser, ruhige, klare und fast kühle Bauten. Entweder man baute die barocken Schlösser um und entfernte das Übermaß an Schmuck (Schloss Ludwigsburg), oder man baute überhaupt neue Gebäude. Zu diesem Zeitpunkt begann man auch, die barocken Gärten um die Schlösser nach und nach durch englische Landschaftsparks zu ersetzen. Typisch klassizistische Bauten sind Bellevue in Berlin oder Wilhelmshöhe bei Kassel.

Historistische Schlösser

Was dann kam, ist heftig umstritten. Im 19. Jahrhundert fegte eine Mode über Europa, der Historismus: Nach Vorbildern in England gestaltete man nun seine Schlösser im Stil vergangener Epochen um, von Neogotik bis Neobarock frei auswählend, oft in einem erstaunlichen Stilmix, oder man baute einfach neue «historisierende» Schlösser, teilweise mit beträchtlichem finanziellen Aufwand. Heraus kamen an Cinderella- oder Ritterburgen erinnernde Phantasieschlösser, die unter Architekturfans belächelt, von den meisten Besuchern aber begeistert aufgenommen werden.

Die berühmtesten historischen Schlösser sind natürlich die Kreationen Ludwigs II. in Neuschwanstein, Herrenchiemsee und Linderhof; und die «Cinderella»-Assoziation wird nur zu verständlich, wenn man bedenkt, dass

Neuschwanstein, ein historistisches Schloss, das Vorbild für die Disneyfilme und Disneyland lieferte. Es gibt aber noch zahlreiche andere historistische Schlösser, wie das Orangerieschloss in Potsdam oder in Österreich Grafenegg bei Krems; dieses Schloss sollte jeder architekturgeschichtlich interessierte Schlossfan einmal besuchen, es handelt sich nämlich um ein Spät-Renaissance-Schloss, das im Historismus bombastisch «auf alt» umgebaut wurde – aber eben nur zur Hälfte, weil 1863 das Geld ausging; so dass die Hälfte des Gebäudes neugotisch anmutet, die andere aber noch schlichte Renaissance atmet.

Und dann gibt es mindestens einen Fall, in welchem ein Schloss Mitte des 20. Jahrhunderts vom historistischen «Tudorstil» wieder in den Renaissancezustand zurückgebaut wurde, und zwar Oberglogau/Glogówek.

Übrigens verdanken wir dem Geschmack des Historismus auch die Efeu- und Weinranken-Bepflanzung von Schlossfassaden. Das passte so richtig zu dem romantisch-melancholischen Grundzug des 19. Jahrhunderts. Außerdem ist Fassadenbewuchs enorm praktisch. So lassen sich nämlich größere Schäden an der Fassade preisgünstig kaschieren. Ich kenne ein Schloss des 19. Jahrhunderts, wo eine an der richtigen Stelle platzierte Efeuwand einen gröberen Architektur-Mangel verdeckt.

Und dann ging sie auch schon langsam zu Ende, die große Zeit der Schlossbauten; je weniger Macht (und Geld) die adligen Besitzer in der Folge von 1848 hatten, desto weniger wurde gebaut; das aufsteigende Bürgertum verlagerte den Mittelpunkt der Bautätigkeit in die Städte, und zurück blieben adlige Familien auf Schlössern und Parks, in denen Mitte des 19. Jahrhunderts die Zeit stehengeblieben war,

Grundherren, die immer weniger Macht und/oder Geld besaßen und sich in eine Art inneren Winterschlaf zurückzogen; aus dem sie teilweise immer noch nicht erwacht sind.

Was nicht bedeutet, dass nicht hier und da auch später, nach 1918, noch Schlösser «auf der grünen Wiese» hingestellt wurden – so etwa Schloss Hohenstein bei Rottweil. Aber das waren große Ausnahmen.

Egal ob unser Schloss nun historistisch oder Renaissance ist, bevor wir eintreten, sollten wir noch zwei Blicke riskieren, die uns in den Kopf des Schlossbesitzers gucken lassen: nach oben und nach unten. Und dann seufzen.

Oben, da ist das Dach, das alte, riesig große Dach mit der nicht enden wollenden Grundfläche, mit den schon längst nicht mehr dichten Stellen ... mit all den unzähligen Löchern, die zu reparieren wären, mit seinen morschen Balken;

... unter unseren Füßen, da ist das manchmal noch nicht gelöste Problem der Kanalisation, oft ein Relikt aus alten Jahrhunderten, das die Frage aufwirft: Wo kommt das alles hin? Die werden wir übrigens im Inneren, in der Beletage, noch einmal genauer angehen.

Dach und Kanalisation: zwei große Sorgenkinder von Schlossbesitzern, zwei große Kostenverursacher.

Aber nun endlich hinein mit uns.

Im Schloss

Eingangsbereich und Treppenhaus

Treten wir also ein.

In einigen Schlössern ist das ganz einfach. Ein Schild weist uns den Weg, führt direkt zur Kasse, von wo aus wir geordnet unseren Rundgang antreten können. Vielleicht ist der begleitende Shop sogar die größte Attraktion eines ansonsten langweiligen Gebäudes, für die Kinder zumindest.

Aber in unserem Idealen Schloss gibt es so eine Kasse natürlich nicht. Und da werden wir feststellen: hineinzukommen ist gar nicht so einfach. Denn zunächst muss man wissen, wo man überhaupt zu suchen beginnt.

Eine Zeit lang galt es als ungeheuer schick, den Zugang zum Schloss von der Gartenseite her einzurichten. Da konnte man dann gleich den Park mitbewundern (lassen). Das führte oft zu absurden Situationen; in Grafenegg etwa gab es ein recht hübsches, wenn auch nicht sehr ausladendes Hauptstiegenhaus, wie es dem Renaissancegeschmack entsprach. Im Zuge des 19. Jahrhunderts war das aber nicht mehr genug, eine Prachtstiege musste her, oder besser gleich zwei – und heute kann man das von einem Wassergraben und vier Wallhäusern umgebene Schloss auch über einen neuen Prachteingang betreten, für den eigens eine Brücke über den Wassergraben gebaut werden musste – gartenseits.

Merke: Manchmal ist der Eingang gar nicht der Eingang.

Wenn wir noch hinzufügen, dass manche Schlösser Innenhöfe haben, manche sogar mehrere aufeinander folgende, die sämtlich mit einer verwirrenden Anzahl von Türen ausgestattet sind (natürlich alle ohne Bezeichnung, Namensschild oder gar Klingel wie bei zivilisierten Menschen); sich einige Schlösser zudem noch halb an Hängen befinden und somit auf mehreren Ebenen liegen; dann darf es uns nicht verwundern, dass wir oft vor unlösbare Aufgaben gestellt sind, wenn wir versuchen, in einem Schloss den *aktuellen* Eingang zu finden. Früher gab es natürlich Bedienstete, die einem bereitwilligst Auskunft gaben beziehungsweise öffneten. Heute war ich schon öfters in der frustrierenden Situation, dass ich aus dem Schlossinnenhof mit dem Handy die Nummer meiner Gastgeber anrufen musste, um zugelassen zu werden.

Das heißt... *falls* es im strahlenabgedeckten Innenhof des Schlosses Empfang gab...

Aber das alles soll uns nur recht sein, weil es uns zeigt, dass wir eine etwas andere Welt betreten haben; und irgendwann finden wir ja vermutlich doch hinein.

Hauptstiege / Treppenhaus

Nehmen wir an, es ist uns gelungen, Zugang zum Schloss zu gewinnen, dann haben wir es meistens sofort mit einer Treppe zu tun. Ich habe das immer für selbstverständlich genommen, bis ich mich fragte, warum eigentlich die Treppe zum Schloss gehört wie die Schlossküche.

Treppenhäuser sind unvermeidlich in Schlössern – einfach wegen der Zweiteilung der Bewohnerschaft in «unter der Treppe» und «über der Treppe», in Personal und «Herrschaft», und letztere wohnte und repräsentierte eben in der *schönen* Etage, der sogenannten Beletage, und die ist halt meistens im ersten Stock.

Klar, dass die Ausnahmen nicht fehlen; in vielen Schlössern wohnt man heute ebenerdig, weil die Beletage unbewohnbar oder denkmalpflegerisch zu kostbar etc. ist. Oder man ist gleich in ein kleines Nebengebäude umgezogen, das oft viel wohnlicher ist als das eigentliche Schloss, und überlässt letzteres den Besuchern. Aber die Regel ist es doch – das Leben spielt sich «oben» ab, «unten» befindet sich die Dienerschaft.

Ein Ort, an dem die Zweiteilung in oben und unten übrigens dramatische Folgen haben kann, sind die Palazzi in Venedig. Warum dort die «Herrschaft» oben wohnte und die Dienerschaft unten, kann man am eigenen Leib erleben, wenn man heute in einem Gästezimmer auf Kanalniveau übernachtet und abends die Ratten auf den Simsen im Zimmer herumlaufen sieht.

Aber zurück zu unserem Schloss und zu den Treppen. Wo stellenweise die alten Renaissancebauten noch kleine, unauffällige Zugangsstiegen enthalten, entwickelt sich spätestens im Barock das prachtvolle Treppenhaus, in dem der Gastgeber seine Gäste in Empfang nimmt; in diesem Treppenhaus ist die Beletage gewissermaßen ein Stück weit «heruntergezogen», der Gang über die Treppe nach oben wird bereits zu einem Eintauchen in die Welt des Schlosses. Hier finden wir oft schon alle Dekorationselemente, denen wir oben wieder begegnen werden, den Ahnengemälden, Jagdtrophäen, dem roten Kokosläufer – und natürlich dem Geruch.

Fangen wir mit ihm, dem Geruch, an. Er ist in jedem Schloss ein wenig verschieden ... und in verschiedenen Teilen des Gebäudes natürlich auch; aromatisch ein wenig variierend, in ungelüfteten Räumen oft fast betäubend intensiv; aber er in jedem Fall unvermeidlich: der Schlossgeruch.

Wir sollten in jedem Schloss, das wir betreten, einmal innehalten und diesem Geruch nachspüren, vielleicht nicht gleich im Eingangsbereich, aber hier ist ein guter Moment, um damit anzufangen.

Udo von Alvensleben beschreibt den Geruch eines Treppenhauses für ein Schloss in Ostpreußen in den zwanziger Jahren des letzten Jahrhunderts so: «Es riecht nach Leder, Hunden, Jagd und Pferden». Nun, das mag für früher gelten, als zum Eingangsbereich noch wie selbstverständlich die Stallungen, der Hundezwinger und die Sättel gehörten. Aber heute? Ich würde es eher so umschreiben: Es ist das einzigartige unverwechselbare Ineinander von altem Stein und Feuchtigkeit, von hölzernen Geländer und Bilderrahmen, alten Möbeln und kratzigem Läufer, der staubige Duft von Ölgemälden und die verwirrenden Aromen von speziellen Putz- und Pflegemitteln für Holz und Parkett.

Der Geruch ändert sich auch von Raum zu Raum. Ein Schlafzimmer oder ein Salon mit ihrem höheren Anteil an alten Möbeln, mit bemaltem Holz, Polsterfüllung, alten Stoffen und Nägeln riechen einfach anders (süßlicher? heimeliger?) als ein Treppenhaus mit seinem größeren Steinanteil. Und doch riecht ein Schlosstreppenhaus wieder ganz anders als das Aroma zum Beispiel einer romanischen Kirche, das, so wage ich zu behaupten, ebenfalls unverwechselbar ist und ganz anders daherkommt als etwa das einer barocken Kirche.

Aber vielleicht versteige ich mich damit gerade in eine Nasalerotik, die dem Ort und der Sache nicht ganz angemessen ist.

Jedenfalls müssen wir dem Schloss mit allen Sinnen begegnen; wenn wir verschlossene Türen öffnen, Schubladen aufziehen und Speicherräume betreten, sollten wir immer die Nase bewusst einsetzen.

Während wir uns den Gemälden und den jagdlichen Trophäen weiter oben später noch widmen werden, ist hier der passende Moment, über den roten Läufer zu sprechen, diesen langen schmalen, schlichten und doch feierlichen Begleiter, der uns kratzig-geflochten aus Kokos beziehungsweise Sisal, mit Fischgrätenmuster, immer wieder begegnen wird und vermutlich bereits auf der Haupttreppe erwartet. Er ist nicht immer rot, nicht immer aus Kokos, manchmal hat er eine Einfassung, er ist auch nicht zwangsläufig auf der Hauptstiege, aber früher oder später gehen wir darauf, auf diesem 60 oder 70 Zentimeter breiten Pfad durch viele Schlösser nördlich der Alpen.

Ich konnte ihn in meinen Kindertagen in Bronnbach genau studieren: Wenn man in kurzen Hosen stolperte und mit den Knien auf so einem roten Läufer bremste, wusste man sofort um seine *kratzige* und *harte* Qualität. Oder wenn wir in der benachbarten romanisch-gotischen Klosterkirche bei der Mitternachtsmesse an Weihnachten ministrierten und während der Predigt mit der Eiseskälte und der Müdigkeit kämpften, fand sich fast immer eine letzte geschwächte, taumelnde Fliege, die unendlich langsam die Höhen und Tiefen des roten Sisalläufers erklomm, welcher auch hier vom Altar hinter zum Hauptaltar führte; von mehreren Ministranten hochkonzentriert beobachtet.

Warum Sisal?

Die Bespannung der Parkett- und Steinböden von Schlössern mit Sisal-, Kokos- oder sonstigen Naturfasern ist natürlich geschichtlich gewachsen: Bis Mitte des 19.Jahrhunderts, als die große industrielle Produktion einsetzte, waren Orient- oder handgeknüpfte Teppiche unwahrscheinlich teuer; Sisal oder Kokos stellten eine billigere Lösung dar.

Der Naturfaserläufer geht aber auch zurück auf die Zeit, in welcher Schlösser längere Zeit leer standen und dann saisonal, vor Eintreffen des Landesherren, rasch und kostengünstig betret- und belebbar gemacht werden mussten. Gobelins (um die Räume rasch zu wärmen) und Naturfaserrollen waren dann oft im Tross mit dabei, wurden vorausgeschickt und im Schloss verteilt.

Das erklärt im Endeffekt auch seine heutige Popularität: Sisal ist ebenso würdig (rot!) wie haltbar und kostengünstig. Auch heutige Schlossbesitzer müssen sich die Frage stellen, ob sie ihre Parkett- oder Marmorböden vor Verschmutzung und Abnützung schonen wollen, indem sie hunderte Meter Schlossgänge flächendeckend mit Perserteppichen bedecken oder lieber auch heute noch zu diesem Universal-Einrichtungsstück greifen.

Wer keinen Sisal will, weil Besucher die Böden ungestört bewundern sollen, kann das Problem natürlich anders lösen. Beispielsweise in der Würzburger Residenz: da läuft seit 2006 ein Pilotprojekt, in welchem der Verschmutzung und Abnutzung von historischen Böden entgegengewirkt werden soll. Die jährlich über 300 000 Besucher tragen nämlich so viel Schmutz in das Gebäude, dass mit täglichem Reinigen alleine der Menge nicht mehr Herr zu werden war. Die Lösung? Es werden wieder «Überschuhe» verpflichtend vorgeschrieben (adrett «Füßlinge» genannt).

In vielen Schlössern mit historischen Böden sind solche Überschuhe wieder «im Kommen». Mir verriet einmal ein Aufseher, dass ein nicht unerwünschter Nebeneffekt dieser Schuhe sei, dass jeder Besucher nebenbei den Boden «wienere» ... Womit wir wieder in einem großen Zirkelschluss zurück zu den Filz-Überschuhen unserer literarischen Spaziergänge angekommen wären. Allerdings sind die Würzburger Überschuhe, um die Akzeptanz zu erhöhen, ansprechend designt (leuchtend blau!) und mit dem Logo der Schlösserverwaltung versehen – sie werden somit, wie eine Werbebroschüre vollmundig ankündigt, zu einem «authentischen Souvenir».

Nun ja. Wenn man standesgemäßer, für etwas mehr Geld, die ganz, ganz echten Kokosläufer, in Deutschland noch gewoben nach altem Rezept etc., finden will – da gibt es diese kleine Manufaktur in der Eifel, wie sich im Katalog eines gewissen Einrichtungshauses nachlesen lässt, das man unschwer an seinen flockig-intellektuell geschriebenen Texten und seinen teuren Materialien erkennen kann; einem beliebten Einrichtungslieferanten übrigens für neue Schlossbesitzer.

Also – wir betreten jetzt die Treppe oder manchmal das Prachtstiegenhaus unseres Idealen Schlosses. Und wir passen auf – jeder Schlossbewohner weiß, dass Sisalteppiche rutschig sein können und man daher die Treppen vorsichtig hinauf- und wieder herabsteigen sollte, wenn man es nicht überschnell und auf seinem Allerwertesten tun will.

Aber würdevolles Schreiten ist der Atmosphäre sicher ohnehin angemessener.

Gedanken auf der Treppe (oder Warum in Schlössern alles so bleibt, wie es ist)

Bevor wir die Beletage (oder *piano nobile*) betreten, das Obergeschoss, in dem früher (oder heute immer noch) «die Herrschaft» wohnt, vielleicht ein paar allgemeine (wichtige) Worte darüber, warum sich in Schlössern so wenig ändert. Warum also ein Schlossbesuch uns die Gelegenheit gibt, so viel über die Lebensumstände und Gewohnheiten vergangener Jahrhunderte zu erfahren, anhand von Räumlichkeiten, Einrichtungsgegenständen und Verzierungen, die sich über all die Zeit angehäuft haben.

Das hat zunächst einen ganz pragmatischen Grund, den wohl pragmatischsten überhaupt: Kosten. Veränderungen in einem Haus oder einer Wohnung kosten Geld; Veränderungen in einem sehr großen Gebäude, wie es ein Schloss nun mal ist, kosten sehr viel Geld, und das haben Schlossbesitzer (außer einigen wenigen gesegneten) meistens nicht.

Machen wir uns nichts vor und klären wir es gleich vorneweg: Die Tatsache, in einem Schloss zu leben, weckt Assoziationen von Reichtum; das mag früher so gewesen sein, doch heute bringt ein Schloss mit seinen Ländereien, wenn es denn noch welche gibt, sehr wenig Einkommen. Wenn also der Schlossbesitzer nicht noch eine zusätzliche reichlich fließende Einnahmequelle besitzt, er etwa morgens nach Frankfurt pendelt, dort an der Börse spekuliert und abends zufrieden um einige tausend Euro reicher ins Schloss zurückkehrt, ist jede Reparatur beispielsweise am Dach eine Katastrophe; und Reparaturen am Dach sind meistens die größten Albträume, werden über Jahrhunderte aufgeschoben und sind doch ewig gegenwärtig. Jeder Schlossbesitzer weiß, dass auch noch sein Enkel an diesem Dach zu kauen haben wird.

Veränderungen in Schlössern unterliegen aber nicht nur dem Kostenfaktor, sondern auch anderen Einflüssen: Wenn man das Glück oder Unglück hat, Besitzer eines alten, schönen, (kunsthistorisch) bedeutsamen Schlosses zu sein, macht es einem das Denkmalamt unmöglich, auch nur einen Schrank zu verschieben, ohne um Erlaubnis zu fragen. Da muss alles bleiben, wie es war; und was das für Kopfschmerzen bereiten kann, werden wir weiter unten beim Thema Tapeten noch sehen.

Und schließlich ist da noch die eher konservativ veranlagte Mentalität der Schlossbesitzer zu sehen; konservativ im lateinischen Ur-Sinn, von *con-servare*, aufheben; ein Schloss ist eine große Speisekammer, in der im Vordergrund die frischesten Konserven stehen, weiter hinten aber jene, die von Staubschichten überzogen sind, ja schon längst nicht mehr genießbar, vermutlich zumindest, denn herausfinden will man das natürlich nicht. Und doch wirft man sie nicht weg, weil man erstens nicht weiß, ob man sie nicht vielleicht doch noch irgendwann brauchen wird; und weil das über die vergangenen Jahrhunderte alle Vorbesitzer ebenso gemacht haben. Nach und nach haben sich die Räume gefüllt, mit Möbeln und Einrichtungsgegenständen und Tapeten, mit denen man aufgewachsen ist; die wenigsten von uns modernen Menschen können sich die unendliche Geborgenheit vorstellen, welche diese Dinge geben, weil die wenigsten von uns ihr ganzes Leben von der Wiege bis zur Bahre im selben Gebäude leben. Wie gerührt sind wir «Normalsterbliche», wenn wir in das Haus unserer Kindheit zurückkehren und auf dem Speicher der elterlichen Wohnung unsere alten «Dinge» wiederfinden. Nun, für einen Schlossbesitzer ist das ganze Leben eingerichtet mit diesen Dingen, die man von Kindheit an gesehen hat; in dem Wunsch, diese Vertrautheit beizubehalten, mischt sich der Respekt vor den Generationen, die vor einem waren, von denen man die Einrichtung übernommen hat, und das Bewusstsein, dass man nur ein kleiner weiterer Schritt in einer großen Kette ist, dass man es ihnen schuldet, diese Tradition weiter zu führen; blicken sie einen doch täglich (und nächtens) von den Gemälden an der Wand an, die Vorfahren – nachts übrigens meistens strenger –; und irgendwo hofft man, dass der Sohn (oder die Tochter) es später ebenso machen wird.

Udo von Alvensleben fasst diesen Grundkonflikt in seinem melancholisch-wunderschönen Buch «Besuche vor dem Untergang» so zusammen: «(...) Verkauf? Nein! Das Vermögen würde innerhalb zweier Generationen zersplittert sein, die Familie geht zugrunde im Augenblick ihrer Loslösung von der angestammten Erde.» Und er spricht von der «Pflicht, das von den Vätern erarbeitete zu erhalten.»

Aus diesen Gründen ändert sich in Schlössern nicht viel; das macht es auch so spannend, sie zu besuchen.

Im Schloss

Die Beletage

Mittlerweile sind wir im ersten Stock angekommen, der Beletage, und kommen fast unvermeidlich in…

Gänge

Wie alt auch immer ein Schloss ist, egal wie groß oder klein – an den Gängen kommt man nicht vorbei. Im wahrsten Sinne des Wortes natürlich, sie führen nun mal von einem Ort zum anderen. Sie sind allgegenwärtig und sind dabei doch nicht nur Verbindungswege, sondern können zu uns sprechen. Natürlich nur, wenn wir mit aufmerksamen Augen und Ohren durch selbige wandern.

Mittlerweile hat der Hauptteil des Buches begonnen, wir werden in der Folge die endlosen Gänge entlang wandern und uns Einrichtungsgegenstände und Räume anschauen, die eine oder andere Türe öffnen und Lebensräume im Schloss entdecken. Hier spielt es sich vor allem ab, das Schlossleben; es gibt Leben südlich der Themse, heißt es in London, *vermutlich*; auch im Schloss gibt es Leben ober- und unterhalb der Beletage, aber hier ist sozusagen das Gros von dem zu finden, was ein Schloss zu einem Schloss macht.

Was finden wir auf den Gängen eines Schlosses? Nun, ich würde sagen: Türen zu Räumen, Fenster und Gemälde. Und sonstige Einrichtungsgegenstände, oft, aber nicht immer, mit der Jagd verbunden.

Bevor wir genauer darauf eingehen – öffnen wir uns dem Gang mit den Sinnen, auch dem Gehörsinn. Liegt ein Teppich da? Ist der Boden aus Holz? Aus Stein? Das macht einen gehörigen Unterschied und ergibt ein ganz eigenes Set von Geräuschen, welche für die Kinder des Schlosses oft dramatische Wichtigkeit haben konnten. Eine Schlosstochter der vierziger Jahre erzählte mir, wie sie jüngst das längst nicht mehr bewohnte Schloss ihrer Kindheit wiederbesuchte und auf dem Kindergang immer noch dieselbe defekte Bodenplatte vorfand, die schon in der Kindheit immer «klink» gemacht hatte. Wenn ebenjene Platte klinkte, wusste man in Metern, wie weit der jeweilige Erwachsene vom Kinderzimmer entfernt war – und wie viel Zeit man noch hatte, das verbotene Tun zu unterbrechen oder das verhasste Hausaufgabenheft wieder hervorzukramen.

«Das Licht andrehen»

Vielleicht muss auf dem Gang ja erst einmal das Licht angeschaltet werden – oder «angedreht». Hier ist es sicher an der Zeit, über Lichtschalter und die Elektrik im Schloss zu sprechen. Als ich jung verheiratet war, amüsierte es mich immer, wie meine Frau davon sprach, das «Licht anzudrehen». Ich machte mir oft einen Spaß daraus zu versuchen, an dem Klappschalter herumzudrehen. Bis ich zum ersten Mal seit langer Zeit wieder in einem Schloss einen jener Lichtschalter fand und betrachtete – einen flügelförmigen,

abgegriffenen und doch sinnlichen Lichtschalter, den man entweder nach rechts oder nach links dreht, bis er hörbar einschnappt und das Licht an- oder ausschaltet; oft befinden sie sich auf einer kreisrunden Scheibe an der Wand befestigt, die das «An-Drehen» optisch noch weitertreibt.

Zu Beginn des elektrischen Zeitalters war für einige Jahrzehnte die Porzellan- und Keramikindustrie marktbeherrschend für die Elektroindustrie. Schalter, Gehäuse, Abdeckungen – alles war aus diesem harten, nicht-leitenden, aus unserer heutigen Sicht wunderschönen Material; ein Echo aus der Zeit vor dem Plastik. Wenn man das Glück hat, solch einen alten Keramikschalter zu entdecken, wird

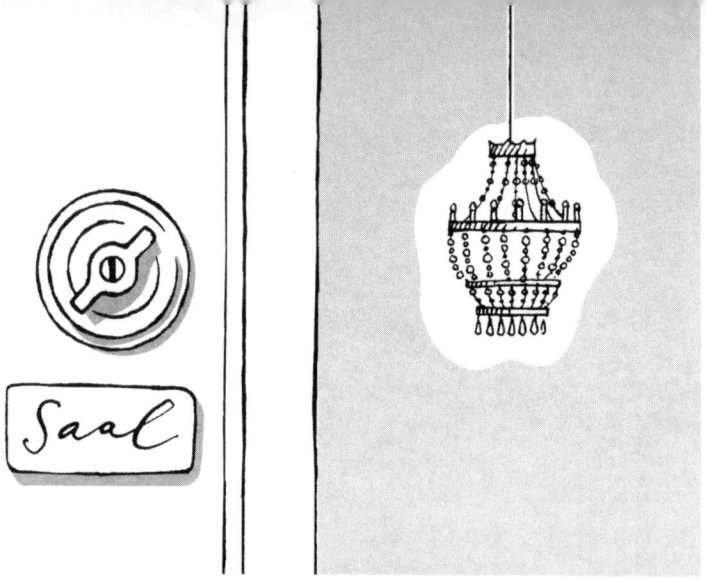

er oft von einem auf der Wand liegenden Kabel begleitet, das irgendwo im oberen Bereich der Wand verschwindet. Und zu diesem Zeitpunkt fragen wir uns dann unbewusst, ob die Verkabelung im Schloss noch zeitgemäß – sprich: feuerpolizeilich tauglich – ist.

Wieder einmal müssen wir uns vor Augen führen, wieviel es kostet, ein Schloss auf den neuesten Stand der Technik zu bringen – wenn wir vor einer solchen altmodischen Stromleitung stehen, die möglichst die Farbe der umgebenden Wand hat. In einem wunderschönen alten Schlosszimmer sah ich einmal ein solches Stromkabel vom Schalter dick und frech über eine uralte chinesische Tapete nach oben laufen – frühere Generationen hatten es geschafft, dieses Kabel so zu bemalen, dass es einigermaßen in die asiatische Landschaft hineinpasste. Und wir sollten dankbar dafür sein, dass unsere eigenen Stromkabel ganz selbstverständlich hinter der Wand verlegt sind.

Übrigens an dieser Stelle noch ein Wort zu einer anderen Art von Kabel in den Gängen: wenn wir in einem Schloss anrufen (eine Telefonnummer, die nach der Ortskennzahl erstaunlicherweise oft noch dreistellig ist) – läutet es meistens endlos lang. Das liegt nicht daran, dass die Schlossbesitzer im Display unsere Nummer erkennen und nicht abheben wollen, sondern daran, dass (sollten fortschrittliche Bewohner nicht auf Funktelefon umgestellt haben) der Apparat oft am Ende eines langen Ganges steht – vielleicht hat er sogar noch jene alte Wählscheibe, die den älteren von uns noch in Erinnerung ist –, jedenfalls muss die Hausfrau oft lange Strecken zurücklegen, bevor sie abheben kann. Daher sollten wir beim Anruf im Schloss nie vergessen: was bei Handys heutzutage als Unhöflichkeit gilt, ist beim Schlosstelefon eine Geste der Höflichkeit gegenüber der Hausfrau und ihren Sprints durch Sisalteppichgänge.

Türen und Fenster

Was wäre ein Gang ohne Türen? Sie sind ein spannendes Element – wie alles, das seit Jahrhunderten einigermaßen funktioniert, ändern sich Türen in Schlössern wenig. Sie sind weder luft- noch schalldicht; der Wind pfeift darunter durch, wenn man sie öffnet; der Boden verzieht sich unter dem Einfluss von neumodischen, jahrhundertelang unbekannten Heizungen, was dazu führt, dass Türen beim Öffnen schleifen und hängen bleiben – oder im Gegenteil von selber aufschwingen und halb geöffnet stehen bleiben, bis man sich endlich seufzend aufraffen will (siehe Kosten), einen Handwerker zu holen. Dann überlegt man, dass man dabei eigentlich gleich noch die Türen im Oberstock machen lassen müsste, kalkuliert im Kopfe alles durch – und lässt es lieber ganz bleiben.

Das kann dann der Sohn machen. Oder gleich der Enkel.

Man selber hat ja auch all die Jahre mit zugigen Türen überlebt.

Ähnliches wie für die Türen gilt übrigens auch für die unzählig vielen Fenster: diese großzügigen, eigentlichen Exponate des Schloss-Seins (vor den Schlössern waren Fenster so klein wie möglich) sind fast immer zugig, alt und werden aus Kostengründen selten repariert, was zur Abhärtung der Schlossbewohner führt – aber auch zu vermindertem Schimmelbefall in den Räumlichkeiten.

Schlosstüren sind meistens groß, größer als uns geläufige Türen; alt und irgendwie ungewohnt; mit alten Türgriffen versehen – und manchmal mit zwei Griffen, das heißt je einem auf jedem Flügel – damit zwei Bedienstete dieselben Flügel schwungvoll und gleichzeitig öffnen konnten, wenn die Herrschaft kam. Und dann alte Schlösser mit dazugehörigen riesigen Schlüsseln – keine von diesen schlanken modernen Dingern, mit denen man genauso gut ein Auto oder eine Stadtwohnung aufsperren könnte. Oder gar diesen Scheckkartenteilen, mit denen man zehn Minuten vor der Hotelzimmertür hantiert, bevor das erlösende grüne Licht aufleuchtet.

Für Kinder stellen Türen im Schloss mehrfache Hindernisse dar. Erstens, weil die Klinken meist (zumindest für kleinere Kinder) unerreichbar hoch angebracht sind und nur durch Hüpfen erreicht werden können. Das ist, versichern mir Schlosskinder, Absicht – damit man nicht überall hinkommt. Zweitens, weil die riesigen sperrenden Schlüssel für Kinderhände oft nur schwer zu bedienen waren; in

einem Schloss herrschte deshalb strengstes Verbot für Kinder, eine Tür von innen zuzusperren; eine Schlosstochter tat es bei einem Klo aber doch, bekam den riesigen Schlüssel dann selber nicht mehr auf – und musste mit einer ellenlangen Leiter von außen über das Klofenster gerettet werden.

Schlüssel

Wie gesagt: Frühere Schlüssel waren groß – so groß wie jener, mit dem die legendäre pommernsche «Mutter Mellin» einst ein «Mädchen», eine Angestellte, erschlagen haben soll, woraufhin sie Zeit ihres Lebens einen eisernen Ring als Buße um den Hals trug. Versuchen wir doch einmal, mit einem modernen Wohnungsschlüssel jemanden zu erschlagen (natürlich nur sinnbildlich) …

Neulich stellte ich in einem Schloss die praktische Frage, wo eigentlich all die Schlüssel aufbewahrt seien, die zu den zahlreichen Türen gehörten. Ich wurde zu einer Kommode gleich bei der Hauptstiege geführt, und man öffnete eine Schublade, in der eine erschreckende Anzahl von großen und kleinen Schlüsseln mit Anhängeschildchen fein säuberlich nebeneinander deponiert waren, auf denen solche Bezeichnungen wie «Blauer Salon» oder «Pantry» standen. Ich nickte beeindruckt und bewunderte die systematische Art, auf welche der Schlossbesitzer seine Zu- und Durchgänge im Griff hatte. Der wurde verlegen, und dann zog er eine weitere Schublade auf, ganz unten in der Kommode, und die war bis zum Rand gefüllt mit rostigen, verbogenen, uralten und neueren Schlüsseln, kreuz und quer durcheinander, mit halb abgerissenen oder schlichtweg ohne Beschriftungen, verbogenen Bärten, dazwischen winzige Schlüsselchen, die allerhöchstens ein Türchen einer Stehuhr oder ein Schächtelchen aufsperren konnten. Der Besitzer gestand mir, dass er etwa bei einem Fünftel der Schlüssel eine Ahnung hätte, wo sie vermutlich hingehörten; die Zeit, alle zuzuordnen, hätte er natürlich nicht, vielleicht könne das einmal sein Sohn machen, so wichtig sei es ja nicht.

Um noch ein abschließendes Wort zu den Türen zu sagen: es gibt da und dort in Gängen noch andere, geheimnisvolle Türchen, viel zu klein für Menschen und in Brusthöhe gelegen; was sie für einen Zweck haben, besprechen wir weiter unten, wenn es um Öfen geht.

Gemälde

Was viele Besucher von Schlössern am meisten fasziniert und zugleich verwundert, ist die ungeheure Anzahl von Gemälden an den Wänden – manchmal Jagdszenen oder hübsche Landschaften, aber allgegenwärtig Ahnenportraits, Ahnenportraits, Ahnenportraits. Die Herren und Damen mit den veralteten Kostümen und den Gesichtsausdrücken, die von liebevoll bis düster-streng variieren, begleiten uns auf Schritt und Tritt, blicken uns in langen Gängen nach, manchmal ermutigend, oft missbilligend. Bei einigen stehen Namen, Daten und Wappen mit auf dem Bild; bei anderen hat ein findiger Vorgänger auf der Rückseite einen gelblich-verblichenen Zettel mit Namen und Lebensdaten der betreffenden Person befestigt; und bei vielen Bildern ist es sogar dem Schlossherren unmöglich, genau zu sagen, wen wir da vor uns haben.

Trotzdem sprechen sie zu uns von der langen Geschichte des Schlosses; von Besitzern, die sich ihrer Vorfahren, ihrer Geschichte bewusst waren, sich in eine Kontinuität stellen wollten.

Warum so viele? Warum so viele unbekannte? Das hat natürlich mit der langen Geschichte des Schlosses zu tun; mit dem häufigen Besitzerwechsel. Eine Familie bewohnt ein Schloss vielleicht nur zwei Generationen lang, dann kommt das Gebäude durch Aussterben, Heirat oder Verschuldung in den Besitz einer anderen Familie. Die bringt manchmal Gemälde ihrer eigenen Vorfahren mit, übernimmt aber auch fast immer Gemälde, welche die Vorgänger dagelassen haben.

Warum? Nun, Portraits sind umsonst. Sie sind schön.

Und es gibt viele, viele Meter Wand in einem Schloss zu füllen, selbst wenn man noch so viele Hirsche oder Rehböcke erlegt – warum also Neues schaffen, wenn schon so viel da ist (und wahrscheinlich noch mehr auf dem Speicher verstaubt – siehe dort). Wie wir immer wieder feststellen werden – im Schloss kommt nichts weg.

Noch ein weiterer, typischer Verwendungszweck ist in Schlössern selbstverständlich, für uns Normalsterbliche jedoch ungewohnt. Ein Schlossbesitzer brachte es einmal so salopp auf den Punkt: «Wo immer in unserem Schloss ein Bild hängt, ist ein Loch oder ein Schaden in der Wand.» Ähnlich wie der Efeu zur kostengünstigen Fassadenverschönerung werden offenbar Bilder als Feigenblätter für ansonsten teuer zu renovierende Schäden genutzt.

Aber wie erleben Schlossbewohner selber die Gemälde? Wissen sie, wer da auf sie hernieder starrt oder –lächelt? Das kommt wie immer auf den einzelnen Menschen an. Die meister Schlosskinder wissen bei den Gemälden zumindest anfangs nicht, wen sie darstellen – höchstens, ob sie sie mögen oder Angst vor ihnen haben. Angst – oh ja, Ahnengemälde können sehr unheimlich sein. In Bronnbach kursierte die Geschichte jenes Vetters, der, schon etwas beschwipst, abends aus der Bibliothek in sein Schlafzimmer aufbrach und sich dann vor dem Gemälde einer alten, strengen Vorfahrin mit Schleier dermaßen erschreckte, dass er beschloss, zurückzukehren und die Nacht in der Bibliothek zu verbringen. Er sagte, sie hätte ihn *so angesehen*...

Ein Schlossbesitzer sagte mir, Gemälde waren für ihn so etwas wie Freunde, Familienmitglieder, die dazugehörten. Bei einigen begriff er nach und nach, wie sie mit ihm verwandt waren; bei anderen erst später, wenn etwa ein Fachmann ins Haus kam und ihm plötzlich erklären konnte, wer die sauer blickende Dame im oberen Gang war. Und bei vielen weiß er es bis heute noch nicht.

Es ist vermutlich so wie mit den touristischen Attraktionen unserer eigenen Heimatstadt – wir entdecken sie eigentlich nur, wenn Besucher uns dorthin mitnehmen. Man nimmt die Gemälde hin, aber weil man so an sie gewöhnt ist wie andere an die Farbe ihrer Wand, hinterfragen die wenigsten Schlossbesitzer mit Passion die genauen Details der Vorfahren an ihren Wänden. Außer, sie sind (kunsthistorisch) interessiert. Und das ist leider eher die Ausnahme.

Manchmal würde solch ein Nachfragen übrigens zu einer Enttäuschung führen. Nicht wenige Ahnenbilder, zumal des 16. und 17. Jahrhunderts, sind von den historistisch gestaltenden Romantikern des 19. Jahrhunderts erfundene «Raub-Ahnen», im Kunsthandel gekauft und nachträglich mit dem Familienwappen versehen.

Kleiner Einwurf zu (moderner) Kunst in Schlössern

Es gibt inzwischen mehr und mehr auch moderne Kunst in Schlössern, ebenso wie moderne Einrichtung. Wir können hier eine Bewegung in beide Richtungen verfolgen: ebenso wie manche Schlossbesitzer, nachdem sie ihre Schlösser verloren oder verkauft hatten, ihre Stadtwohnungen so «schlossig» wie möglich einrichteten und sozusagen ihr Schloss mit in die Stadt nahmen, so haben viele heutige Schlosserben, wenn sie denn einmal das elterliche Gebäude ganz übernehmen, schon so lange und umgeben von modernen Einflüssen wie auch Kunst in Stadtwohnungen gelebt, dass sie die altehrwürdigen Gebäude denn auch nach modernem Geschmack anpassen, inklusive moderner

Kunst. Was manchmal zu ernsthaftem Stirnrunzeln bei den Altbesitzern führt.

Dies ist übrigens ein neues Element; früher konnte man als Schlosserbe oft sein ganzes Leben im elterlichen Haus verbringen, ohne mit Neuem in Berührung zu kommen. Zudem kamen die Frauen, die man früher heiratete, zum überwiegenden Teil ebenfalls aus Schlössern, was den Kunstgeschmack ziemlich einheitlich bewahrte; während heute Hochzeiten mit «Bürgerlichen» mehr und mehr zum Normalzustand werden und somit viele moderne Ideen Einzug in Schlösser halten.

Aber zurück zu den Ahnengemälden.

Was können sie uns, den Besuchern, sagen? Mich erschüttern sie immer, diese Zeugnisse von vergangenen Leben, von Menschen, die mit dem ganzen Selbstbewusstsein ihrer Jugend oder dem Wissen ihres Alters auf uns herabschauen – ich bin wichtig, sagt uns das Bild; ich stelle etwas dar; mein Leben hat Bedeutung. Und doch bleibt von ihnen nur noch Staub, manchmal eine Haarspange, die weitervererbt wird, selten eine Anekdote; und auf den Stühlen, auf denen der Herr mit der Reituniform gesessen hat, sitzen heute Schlosskinder und wissen oft gar nicht mehr, mit wie viel Mühe er sie damals in Italien gekauft hat. Kurz – wir können Demut lernen von ihnen, die vor uns waren.

Und vielleicht versuchen wir, uns vorzustellen, was es mit der Seele, mit dem Denken eines Menschen macht, ständig unter den Augen seiner Vorfahren zu wandeln. Da fühlt man die Verantwortung stärker, das Ererbte zu erhalten; nichts wegkommen zu lassen; man will nicht derjenige sein, unter dem der Besitz verloren geht.

Jagd

Wenn uns die Jagd bis hierher nicht begegnet sein sollte, dürfte das die Ausnahme sein. Vielleicht, weil tatsächlich Generationen von Schlossbesitzern keinen Zugang zu Jagd hatten oder bewusst auf diesen gesellschaftlichen Kitt der Adelswelt verzichtet haben? Oder der gegenwärtige Besitzer oder seine Frau sind Veganer?

Ansonsten hat uns das eine oder andere Hirschgeweih oder Rehgehörn, wenn nicht schon auf der Außenfassade des Schlosses, so doch zumindest im Eingangsbereich begrüßt, gerne auch im Treppenhaus, stumm und meist mit einem kryptischen Namen und einer schockierend alten Jahreszahl darunter («Hintersteiss, 1897»). Und in manchen Schlössern traut man sich kaum die Stiege hinauf, in der Angst zu stolpern, gegen die Wand zu taumeln und, von 60 Rehtrophäen durchbohrt, sein Leben auszuhauchen.

Was erzählen uns die bleichen Schädel mit den Hornauswüchsen, geschraubt auf kleine Plaketten? Sie sprechen von einer Liebe, einer Passion, einem wesentlichen verbindenden Element zwischen Schlossbesitzern und Schlössern überall.

Die Jagd gibt es in der Geschichte, seit es Menschen gibt – und weil Jagd nach dem Mittelalter noch recht lange das Privileg des Adels, des Waldbesitzers also war, wuchs diese Freizeitbeschäftigung nach und nach zu einem der wichtigsten gesellschaftlichen Elemente im Adel überhaupt heran. Zu vielen Schlössern gehört nun mal auch heute noch der Wald – und der muss erhalten und auch hegerisch betreut werden. So ist die Jagd im Sommer (Rehböcke), Herbst (Hirsche und Niederwild) und Winter (Drückjagden etc.) auch heute noch der Haupttreffpunkt für Schlossbesitzer und ihre Freunde. Auch in Zeiten von strengen Jagdprüfungen und von dramatischen Preissenkungen für Holz ist es einem Schlosszögling mit Waldbesitz ein echtes Anliegen, jagdlich kompetent und anerkannt zu sein, so dass man nicht über ihn sagt: «Er ist ja ein netter Kerl, aber er trifft kein Scheunentor!»

Und Jagdpassion kann auch zum Extrem werden. Bis mindestens in die fünfziger Jahre des 20.Jahrhunderts (und stellenweise noch heute) war es gesellschaftlich durchaus akzeptiert, wenn ein jagdbegeisterter Aristokrat und Schlossbesitzer sich für viele Monate auf Jagdreisen nach Afrika oder auf andere Kontinente verabschiedete; das Ergebnis waren exotische Trophäen, mit denen man die Wände schmücken konnte, wenn die hunderten Rehkrickerl und Gamsstangen und Hirschgeweihe noch Platz ließen.

Dazu muss man aber auch sagen, dass die Jagd nicht nur eine notwendige, schöne, alte, ja entspannende Tradition ist, in der man der Natur verbunden zumindest kurzfristig aus seinem Alltag aussteigen kann – nein, man fügt sich ebenfalls in die Jahrhunderte zurückreichende Reihe der Ahnen ein. Anders als die meisten Normaljäger, die in Städten leben und die sich in den Eduard Kettners und Frankonias dieser Welt versorgen, verwendet mancher Schlossbesitzer noch alte gewalkte Lodenjanker oder gar Waffen des Urgroßvaters, die stellenweise in derselben Waffenkammer des Schlosses stehen, in der sie vor 150 Jahren aufgehoben wurden; der Geruch dieses Raumes gehörte zur Kindheit, die Namen auf den Trophäen schweben seit jeher wie mahnende, mythische Menetekel in allen Gängen, daneben die Jahreszahl, die einen täglich daran erinnert, wann dieser Rehbock von welchem Großvater erlegt wurde. Natürlich

wünscht man sich dann auch, einmal an demselben mythischen Ort selber ein Stück zu erlegen. Wenn man dann von der Kindheit an von seinem jagdbegeisterten Vater auf Jagden mitgenommen wurde und die jährlich wiederkehrenden Jagdsaisons als Teil des Hauses erlebt hat – dann darf es uns nicht wundern, dass all diese Eindrücke zu einer noch tieferen Liebe und einem Geborgensein in der Jagd führen können.

Und deshalb die Allgegenwart der Jagd im Schloss seit Jahrhunderten – in Trophäen, aber auch in Wandgemälden, Büchern in den Regalen, in der Kleidung (nicht umsonst ist die jagdlich wirkende «Schilfleinenjacke» neben dem «Loden-Janker» auch heute noch ein beliebtes Adelskleidungsstück) und vielen anderen kleinen Details wie eben dem metallenen Stiefelkratzer am Boden neben dem Haupttor, weil man ja oft geradewegs «aus dem Wald» kommt.

Wir lassen die Jagd-Utensilien nun hinter uns und schlendern weiter. Vorne rechts hängt etwas Großes, Dunkles an der Wand. Nein, es ist kein Gemälde. Beim Näherkommen erkennen wir, um was es sich handelt. Natürlich finden wir ihn nicht in jedem Schloss, aber es gibt eine gute Chance, dass er irgendwo hängt – in einem Gang, in einem Salon oder einem Prunksaal: der

Gobelin

Gobelins oder auch Tapisserien, diese großen, leicht blass gewordenen Wandteppiche aus früheren Zeiten, waren etwas, das ich als Kind im Schloss überhaupt nicht begriff. Wozu waren sie da, an den Wänden des Schlosses? Was sollten die langweiligen Szenen darauf, die mir immer kryptisch erschienen? Traurig dreinblickende Ritter mit Kullerbäuchen und stilisierter «Action» in edler Landschaft? Warum hatte man damals offenbar eine Obsession für das Leben Alexanders des Großen?

Bildteppiche oder Bildwirkereien treten bereits in den mittelalterlichen Burgen auf – damals hatten sie vermutlich vor allem drei Funktionen: wärmend/isolierend (siehe auch

58

das große Thema Heizen und Frieren im Schloss anderswo in dieser Beletage); Akustik (sie reduzieren den Hall und machen den Geräuschpegel in einem Raum angenehm); und schmückend/belehrend.

Die Gobelins, welchen man heute in Schlössern begegnet, sind entweder die (teuren) *echten*, und als solche werden nur jene bezeichnet, die auf dem Webstuhl in der einzig echten Gobelin-Manufaktur in Paris hergestellt wurden; oder es handelt sich um die (billigere) Gobelinmalerei oder Gobelinstickerei, bei denen Gobelins durch Aufmalen oder Aufsticken gobelin-ähnlicher Motive auf Textilien imitiert werden.

Wenn die Gobelins echt sind (was sogar ein Laie durch Betasten feststellen kann, *falls* das erlaubt ist), stammen sie aus der berühmten Manufaktur in der Avénue des Gobelins in Paris im 13. Arrondissement. Die Familie Gobelin besaß eine Scharlachfärberei in einem Vorort von Paris; am Anfang des 17. Jahrhunderts begründeten zwei flämische Bildwirker dort eine Manufaktur, verlegten sie ins Zentrum – und wurden als «Adelsschlag» zur königlichen Manufaktur unter Ludwig XIV. erhoben. Danach war der Siegeszug nicht mehr aufzuhalten.

Grundlage einer solchen echten Bildwirkerei waren Gemälde, die dem Wirker in einer Kartonversion vorlagen; er musste sie beim Weben in einem Spiegel betrachten – weshalb die Kartons natürlich spiegelverkehrt sein mussten! In einigen Fällen konnte man solche Kartons sogar direkt hinten am Webstuhl anbringen. Der hohe Preis für solche echten Gobelins erklärt sich einerseits aus der extrem langsamen Herstellung (für einen Quadratmeter rechnet man vier bis acht Wochen Handarbeit), andererseits aus den stellenweise sehr wertvollen Materialien; neben Leinen und

Wolle kamen manchmal Seide und bei sehr teuren Gobelins sogar Silber- und Goldfäden zum Einsatz.

Die Motive von Gobelins sind über die Jahrhunderte teilweise zu verschieden gewesen, um sie hier erschöp-
fend abzuhandeln – genug, anzumerken, dass die von mir
als langweilig empfundenen monumentalen Historiensze-
nen wahrscheinlich dem Einfluss Lebruns, des langjähri-
gen Direktors der Manufaktur, zu verdanken gewesen sind.
Eigentlich mit Ende des 18.Jahrhunderts endete die große
Zeit der Gobelins und wurde durch jene Imitate abgelöst,
von denen oben die Rede war. Nachdem wir uns verschiedene Einrichtungsgegenstände des Schlossganges angesehen haben, öffnen wir doch endlich die Türen, an denen
wir schon länger entlanggehen, und betreten die Räume!

Räume in der Beletage

Salons

Salons, Salons, Salons. Die meisten Besucher in Schlössern
(der Autor dieses Buches inbegriffen) staunen über die Anzahl von Salons, die sie in Schlössern durchqueren. Wir haben gewöhnlich ein «Wohnzimmer» in unseren Häusern
und Wohnungen, doch in den Schlössern ist es eher selten,
dass sich weniger als zwei oder drei solcher Salons finden,
selbst wenn das Schloss eigentlich ein besseres Herrenhaus
ist. Es gibt sie in allen Größen und Formen, und doch findet sich das altbekannte Grundmuster in ihnen allen; von
der kleinsten «Grundeinheit» des Raumes mit drei mal

vier Metern, einem Sofa, davor ein kleiner Tisch, ringsherum angeordnet zwei bis vier alte Stühle oder Sessel, über dem Ganzen ein Gemälde oder drei Portraits; bis zu den prunkvollen riesigen Räumen, die in mehreren Ecken solche Sitzgruppen angeordnet haben, eine vielleicht nahe am Bücherregal, eine andere vor einem gigantischen Kamin, eine genau in der Mitte mit einem Kartentisch. Und allüberall stehen diese Familienphotos herum, die wohl eine Art der Verlängerung der Ahnengalerie in die Wohnräume darstellen.

«Steife» und «bequeme» Salons – der Einfluss Englands

Unvermeidlich begegnen uns in Schlössern zwei Arten von Salons mit zwei Gruppen von sehr unterschiedlichen Möbeln, die wiederum Ausdruck von zwei verschiedenen Lebensstilen und Jahrhunderten sind. So können wir nämlich die Vorstellungen von Wohnen einteilen in ein «Vor dem Jahr 1830» und in ein «Danach», genauer gesagt – es geht um das Aufkeimen der ersten Ideen von Privatleben, Informalität und Gemütlichkeit, wie sie sich, von England kommend, ab dem ersten Drittel des 19. Jahrhunderts auch in Resteuropa ihre Bahn brachen.

Davor gab es in der aristokratischen Welt des 17. und 18. Jahrhunderts keine Gemütlichkeit und vor allem keinen privaten Bereich. Schwer vorzustellen, aber man war praktisch nie alleine, konnte außer im Bett nie «Fünfe gerade sein lassen» und «Alle Viere von sich strecken», sich beim Lesen auf ein gemütliches Sofa «fläzen». Und im Schlafzimmer war man bis auf wenige Ausnahmen auch nicht allein, sondern man schlief immer zu mehreren – aus Heizgründen.

Auch waren die Salons in Barockschlössern ursprünglich immer leer. An den Wänden standen Stühle, immer in Erwartung eines Events, zu dem sie von eilig huschenden Dienern in den jeweiligen (leeren) Raum gebracht und postiert wurden, wenn der Hausherr oder seine Gäste sich zum Sitzen niederlassen wollten. Die steifen, unbequemen Möbel von Renaissance über Barock bis Empire legen ein beredtes Zeugnis davon ab, dass sie repräsentativen Zwecken und nicht etwa der Gemütlichkeit dienten.

Wenn es unser Rundgang durch das Ideale Schloss (und seine strengen Wächter) erlauben, dann setzen wir uns doch einmal auf einen dieser harten Sessel mit der geraden Lehne, von denen aus man seinen Kaffee einnahm, und versuchen wir, uns in diese Welt zurückzuversetzen.

Diese änderte sich, als ab Anfang/Mitte des 19. Jahrhunderts England die absolute Vorreiterrolle übernahm, was Schlösser, Parks und eben auch deren Einrichtung angeht. In gewisser Weise ist das übrigens bis heute so, in den meisten Schlössern, obwohl viele Schlossbesitzer sich dessen gar nicht bewusst sind. Nach und nach kamen vor allem aus der Institution des *Country House* all die neuen und für die heutige Zeit völlig selbstverständlichen Ideen von dort nach Europa herüber: von der Idee einer privaten «Study» für den Hausherrn über die ersten «dilettierenden» Bibliotheken, in denen man gemütlich sitzen und lesen konnte; von den praktischen Erwägungen des Essentransports bis zu so absurden Neuerungen wie einer eigenen Kanalisation oder gar Badezimmern im Haus − all das kam aus England und gewann in Europa immer mehr an Boden, bis es im letzten Drittel des 19. Jahrhunderts zur «Normalität» in Schlössern wurde und man etwas scheu und befremdet auf die steifen Relikte einer anderen Zeit blickte.

In Bronnbach gab es einen Raum, der in der Rückschau all diese Strömungen zu umfassen schien. Der «Salon» schlechthin hatte zwei steifere Ecken mit alten Möbeln, auf denen nebenbei gerne ältere Tanten und Onkel saßen – warum, begriffen wir damals nicht, gab es doch die zwei «gemütlicheren» mit weichen Sofas, in denen man versinken konnte und wo wir Kinder herumturnten. An Weihnachten mit damals 25 Enkeln wurden aber alle Möbelstücke, ob alt oder neu, für die mit weißen Laken überzogenen Weihnachtsecken verwendet.

Und über all dem spannte sich eine Decke mit Gewölben, die noch auf das alte Kloster verwies, welches Bronnbach früher gewesen war.

Dass Salons und auch Schlösser selten vollkommen einheitlich eingerichtet sind, dürfte aus dem Vorhergehenden schon klar geworden sein. Wie genau die Gestaltung von Salons aussieht, ist einerseits eine Frage der Kosten, vor allem aber des Geschmacks der jeweiligen Zeit, und an wenigen Orten können wir so wie in den Schlössern die stellenweise rücksichtslosen Verdrängungsmechanismen studieren, die zwischen aufeinander abfolgenden Stuhl- und Innendesign-Generationen stattgefunden haben.

Knapp zusammengefasst fand im Inneren des Schlosses mehrmals derselbe Prozess statt: was den Eltern neu und modisch gefällig war, erschien der nächsten Generation «furchtbar» und wurde entsorgt, entrümpelt und verkauft, um dem Neuen, als schön empfundenen Platz zu machen; ohne sich darüber Gedanken zu machen, dass genau jene entsorgten Möbel und Tapeten eine weitere Generation später wieder in Mode kommen würden – und damit teuer angekauft werden müssten. Selig, wer damals die Voraussicht hatte, die Möbel doch nur auf den Speicher «umzu-betten» und nicht ganz wegzugeben …

Die erste der drei letzten solcher Wellen, der erste «Modernisierungsschub» in der Schlosseinrichtung, dürfte das Empire gewesen sein, Anfang des 19. Jahrhunderts; alle Möbel Marke Louis XVI und älter wurden rücksichtslos entsorgt.

Mitte des 19. Jahrhunderts wurde Empire dann als völlig veraltet und geschmacklos empfunden, also kamen jetzt Neo-Barock und Neo-Rokoko zum Glänzen; phantastisch designte historistische Möbel bevölkerten immer düstere Räume hinter schweren Vorhängen, Salons, die sich mit falschen chinesischen Vasen und nachgemachten Ritterrüstungen sowie wenigen echten und vielen, vielen nachgemachten Louis-XVI-«Imperatrice»-Möbeln (nach Kaiserin Eugénie) füllten. Einen starken Einfluss hatte der Maler Hans Makart, der die Ringstraßenpalais nachhaltig prägte.

Anfang des 20. Jahrhunderts empfand man schließlich alles, was mit Makart und dem historistischen Stil zu tun hatte, als peinlich, spießig und ungemütlich und wollte in allem den neuen Einflüssen aus England folgen. Künstlerische neubarocke Tapeten wurden abgerissen, Salons hatten jetzt *maisgelb* zu sein, gemalt wurde schlicht-puritanisch direkt auf den Putz. Alles sollte «englisch» aussehen, von den Foto-Wäldern auf den Kommoden und Tischchen über die Chintz-Sofas mit Blumenmustern bis zu den Kaminen (siehe unten im Kapitel «Öfen»).

Gelbe, blaue und andere Salons

Die vielen Salons (und auch alle anderen Räume) muss man natürlich auseinanderhalten können; anders als im Hotel haben die bis zu zehn Salons des Schlosses meist keine

Zimmernummer; man kann also weder sagen «Treffen wir uns gleich zum schwarzen Kaffee im Salon vier» und auch schlecht sagen: «Liebling, nehmen wir den Tee in dem Salon, der gleich hinter dem Bügelzimmer links kommt, aber *vor* der Waffenkammer».

Sehr hilfreich ist in diesem Zusammenhang die Tapete oder Wandverkleidung, die mit ihrer Farbe oder ihren Motiven oft dazu beiträgt, dass ein Salon eben zum «Blauen Salon» oder ein Schlafzimmer zum «Chinesenzimmer» wird (nach der barocken Tapete, auf der chinesische Landschaften dargestellt sind).

In unseren Tagen des Minimalismus und der Schlichtheit ist es außer in Kinderzimmern selten geworden, dass Tapeten überhaupt gemustert sind – dann kann es schon passieren, dass wir staunend und mit offenem Mund vor den prachtvollen Landschaften und Bilddarstellungen stehen, die die Wände im Schloss schmücken.

In frührenaissancelichen Schlössern (und dann später noch einmal, während des Historismus) konnte diese Tapete auch aus Leder sein – Leder hat den Vorteil der Unverwüstlichkeit, solche Tapeten hielten Jahrhunderte. In Grafenegg gibt es im Rittersaal eine solche Tapete aus dem seltenen und teuren spanischen Ziegenleder. Von vorne ist es bemalt und steinhart, doch eine Besucherin, die Grafenegg noch in seinem verwüsteten Zustand nach dem Krieg gesehen hatte, erzählte mir, dass damals die Tapete in Streifen von der Wand gehangen hätte; sie hätte darübergestrichen, und die Tapete sei feinstes weiches Leder gewesen.

Eine ganze Industrie belieferte die Schlösser des Barock; ab 1789, als in Deutschland die erste Tapetendruckerei entstand, und durch das ganze Zeitalter des Biedermeier bis Mitte des 19. Jahrhunderts stieg die Nachfrage für kunstvolle Tapeten in Schlössern mehr und mehr an. Passende Tapeten, das konnte alles sein, von der chinesischen Landschaft über mythologische Szenen bis zu historischen Events. Erst die einsetzende Massenproduktion ab ca. 1850 versetzte dieser Begeisterung langsam einen Dämpfer: nun waren Tapeten nichts Exklusives mehr.

Wie vertraut erscheinen einem Schlosskind Tapeten, die seit hunderten von Jahren eine Familie begleitet haben – und wie ungern ersetzt man sie! Aber auch wenn man ungern etwas ändert im Schloss, irgendwann wird es dringend und drängend. Weil nämlich die Zeit vergeht und es nach und nach peinlich wird, von einem «Gelben Salon» zu sprechen, wenn er uns bereits in einer Art maroni-schmutzbraun entgegentritt, müssen wir hier kurz über die Kunst sprechen, Tapeten zu erneuern.

In Zeiten des Internets ist es wieder leichter geworden, aber davor war es gar nicht so einfach, Hersteller oder Textilfirmen zu finden, welche die gewünschten Tapeten für die Räumlichkeiten des Schlosses noch herstellen – und zwar (siehe oben) zu erschwinglichen Preisen. Ein Schlossbesitzer erzählte mir, dass er tagelang im Internet surfen musste, bis er «in Parma» eine Firma fand, die geeignete Muster hatte; das kann natürlich auch an der schlechten Verbindung (siehe oben Elektrik) oder an der Technikfeindlichkeit des Schlossbesitzers gelegen haben; ein anderer berichtete, bei Mühlhausen bekäme man noch bei einem kleinen Betrieb die richtigen Wandbezüge.

Warum es so viele Salons gibt, davon haben wir vielleicht schon eine erste Idee bekommen. Da sind erst einmal die verschiedenen Arten von gesellschaftlichen Begegnungen, die früher nach verschiedenartigen Räumen verlangten, vom Empfang über den Tee, vom «schwarzen Kaffee» über die Weihnachtsfeier mit turmhohem Baum.

Was wir aber auch oft vergessen, ist die schiere Anzahl an Menschen, die in einem Schloss wohnten. Man hatte mehr Kinder vor 100, 200 Jahren, unendlich viel mehr Kinder als heute; von denen einige trotz hoher Sterblichkeit durchaus überlebten. Auch wenn man in damals nicht so alt wurde wie wir heute, gab es trotzdem eine unglaubliche Zahl an alten Tanten und Onkels, die man selbstverständlich nicht in Altersheime abschob, die es früher sowieso nicht gab.

Bei einer Schlossführung zeigte mir ein Besitzer einmal drei, vier Salons, die jeweils mit einem kleinen Schlafzimmer verbunden waren, und erklärte bei jedem, welche Tante in dieser Schlafzimmer/Salon-Kombination jeweils gewohnt hatte, vom 19. Jahrhundert bis nach dem Zweiten Weltkrieg. Es ist rührend, dass jeder dieser Tanten zumindest ein kleiner Salon mit zwei, drei Ahnengemälden, einem Sofa und Tisch mit umstehenden Sesseln zugestanden wurde; erst dieser Raum ermöglichte ihr ja, «Salon zu halten» und damit ein gesellschaftliches Leben zu pflegen.

Diese Art von Solidarität fand ihren Höhepunkt gegen Ende des Zweiten Weltkrieges, als sich die Schlosssalons über viele, viele Jahre mit Flüchtlingen aus den Gebieten des Ostens füllten, vom ehemaligen Großgrundbesitzer, der alles verloren hatte, über die verarmten Verwandten bis zum Personal. Zum Heizen wurden einfach Öfchen eingestellt, deren Rohre man aushilfsweise direkt aus dem Fenster installierte. Alle wurden irgendwie aufgenommen, manche kamen nur «eigentlich auf einen Tee» vorbei und blieben wie selbstverständlich, oft über Jahre, bis sie «den Absprung schafften» – oder eben starben. Auf vielen Schlössern habe ich solche Geschichten gehört.

Jedenfalls gibt es kaum Schlösser, in denen nicht einige Salons geschlossen sind, mit schattig zugezogenen Fensterläden, um die alten Stoffe und Möbel zu schonen: weil man so viele Räume heutzutage einfach nicht verwenden (und heizen) kann. Hier ist der Schlossgeruch oft betörend stark, die Möbel scheinen eine eingefrorene, vergangene Epoche festzuhalten, als seien die Bewohner des 18. oder 19. Jahrhunderts eben kurz weggegangen und könnten jederzeit zurückkommen. Glücklich, wenn uns auf unserem Rundgang ein Blick in so einem Raum gelingt.

Namen und Verwendungen

Wir haben ja schon über gelbe, blaue und andere Salons gesprochen. Vielleicht können wir hier auch gleich das Thema «Namen im Schloss» abhandeln. Jeder Raum im Schloss hat einen Namen; keine Zimmernummer; manche der Namen sind, wie eben gesehen, einfach Farbbezeichnungen; andere bezeichnen Motive der Tapeten; aber dann gibt es noch andere Namen, die manche Schlossbesucher durchaus erstaunen können, weil sie auf Personen oder Verwendungen verweisen, die längst im Nebel der Geschichte entschwunden sind.

Um einen Vergleich heranzuziehen – wenn der Wiener einem Touristen den Weg bezeichnet, der parallel zum Ring zwischen Museumsquartier und Kunsthistorischen Museum hindurchführt, spricht er wie selbstverständlich von der «2er-Linie» – und nicht, wie es eigentlich heißen müsste, «Getreidemarkt und dann Museumsplatz». Verwundert wird der Fremde in seinem Stadtplan blättern und dabei nicht begreifen, dass hier früher, vor dem Zweiten Weltkrieg, eben die 2er-Straßenbahn-Linie entlanggefahren ist.

Vielleicht müssen wir noch einmal auf das Schlo: Barockzeit zurückgehen, um einen ganz wesentlichen . des Lebens im Schloss zu begreifen. Heutige Räume wai nicht immer das, als was sie uns entgegentreten. Sie sind gemäß einer uralten Tradition zunächst einmal leer und zu allem «gestaltbar» – wie wir schon gesehen haben, unterscheidet sich ein leerer Prunksaal kaum von einem leeren Salon oder einem Speisezimmer. Das Herumschleppen von Möbeln (früher durch Personal, heute durch die Besitzer selbst), das Umgestalten, Neubenutzen von Räumen ist eine Tradition, welche weit zurückreicht.

Wie wäre es anders zu erklären, dass ein kleiner Speisesaal «Lindenthal-Zimmer» heißt – nach der Pflegerin der Urgroßtante benannt, jener rührenden alten Frau Lindenthal, die dann nach dem Tod der Gepflegten wie selbstverständlich noch jahrelang in dem Zimmer weiterlebte, bis sie, lange vor dem Krieg, ebenfalls in die Ewigkeit berufen wurde. Inzwischen wurde aber das Schlafzimmer zu einem kleinen Speisesaal umfunktioniert und so weiter.

Man kann es nicht oft genug sagen: Räume wechseln ihre Funktion. Das Lindenthal-Zimmer, welches heute ein Speisesaal ist, war vielleicht im Barock ein kleiner, unbenutzter Salon und wurde dann, weil praktisch neben dem Zimmer der Urgroßtante gelegen, für Frau Lindenthal als Schlafzimmer hergerichtet, indem man aus anderen Teilen des Schlosses Möbel herbeischleppte. Morgen wird aus dem Speisesaal wieder eine Rumpelkammer, in der nach und nach andere Möbel angestapelt wurden, und irgendwann wird vielleicht wieder jemand darin wohnen und dem Raum einen neuen Namen geben.

Zwei wunderbare Beispiele für Sinn, Unsinn und Haltbarkeit von Namen: In einem Schloss in Österreich gibt es eine prachtvolle, uralte Küche mit Herd und riesiger Esse darüber, die jahrhundertelang in Benutzung war. Gegen 1870 fand man, die Moderne müsse nun endlich Einzug halten und eine neue Küche müsse her. Also wurde ein heller, moderner Raum erwählt, alles wurde für den Umzug vorbereitet, und dann…

…ja, dann reichte das Geld nicht oder ein anderes Projekt kam dazwischen oder der Planer starb oder heiratete, jedenfalls wurde nichts aus der Neuen Küche und die alte ist bis heute in Verwendung. Und dennoch trägt der geplante Raum, der heute ein Schrankzimmer mit Gummistiefeln und Lodenmänteln ist, zum Erstaunen von Schlossgästen weiterhin den unsinnigen Namen «Neue Küche».

Noch phantastischer ist die Geschichte aus jenem Schloss, das sich rühmte, ein schönes Gestüt zu beherbergen; wenn ein Gast fragte, wo er denn die Pferde besichtigen könne, hieß es: «In der Wäscherei». Tatsächlich waren die heutigen Stallungen, wie auf einem schönen Plan aus dem Jahr 1801 ersichtlich, damals der Ort, wo die Schlosswäscherei war, und wurden erst knapp hundert Jahre später zu Stallungen gemacht; doch so wenig weiße Wäsche dort heutzutage gewaschen wird, der Name blieb bestehen.

Ziehen wir, wenn wir solch einem sperrigen, kryptischen Namen begegnen, im Geiste ein wenig den Hut vor der Macht der Geschichte im Schloss – in den großen wie in den kleinen Details. Die Vergangenheit ist hier gegenwärtiger, als es sich selbst die Bewohner manchmal bewusst machen.

Gästebuch

Aber kehren wir nach diesem Exkurs über Namen und Räume zu einem letzten, sehr hübschen Aspekt des Salons zurück. Ein Einrichtungsgegenstand ist in Salons oder Bibliotheken oft vorhanden, der uns einiges über die Verwurzelung von Schlossbewohnern in der Geschichte sagen kann, wenn wir ihn denn zu Gesicht bekommen: das Gästebuch. Meist schön gebunden, mit «besserem» Papier, reicht es, wenn wir Glück haben, weit in die Vergangenheit zurück; vor allem dann, wenn es unregelmäßig geführt worden ist. Oder, wenn man ein altes, nur halb verwendetes in einem Schrank findet und weiterführt.

Während die meisten Normalsterblichen ein Gästebuch beginnen, wenn sie in ein neues Haus einziehen (sprich: alle paar Jahre), konnte ich in manchen Schlossgästebüchern ungelogen bis zum Beginn des 20. Jahrhunderts und weiter zurückblättern. Jeder Verwandte und andere Besucher amüsiert sich königlich, wenn er weiter vorne im Buch seine eigene Großmutter entdeckt, und schaudert wohl insgeheim über diese großen Zusammenhänge, deren winziger Teil man selber ist. Schlosskinder sind sich dieser Dinge durchaus bewusst – nicht nur die Ahnengemälde, auch der Schriftzug von Kaiser Franz Joseph bei seinem Besuch 1908 ist ihnen Teil einer großen Realität.

Das erschütterndste und einzigartigste Schlossgästebuch sah ich letztes Jahr, und ich frage mich, ob es dergleichen noch woanders gibt (vermutlich schon). In einer Bibliothek eines Juwels von einem Schloss zog mich der Besitzer zum Fenster und öffnete es leicht – und jetzt, aus diesem Winkel, wurde etwas atemberaubendes sichtbar – ein Zeugnis zugleich für die Geschichte, die im Schloss lebendig wird, wie auch für die filigrane Zerbrechlichkeit der menschlichen Existenz.

Auf der gesamten Scheibe und auch auf den benachbarten Fenstern waren fein geritzte Schriftzüge zu erkennen – Generationen von Besuchern hatten sich, wie mir versichert wurde, mit den Diamanten ihrer Ringe dort verewigt; erschüttert las ich adlige Namen, mit geschwungener Linie geschrieben im Jahr 1908; und andere im Jahre 1950; und gleich daneben, gar nicht weit weg, eine Gruppe von 1831, selbstbewusst mit Titel; mehrere Gäste eines Jugend-Séjours hatten sich übermütig rund um einen zentralen Punkt gruppiert; man spürte förmlich, wie viel Spaß ihnen das Wochenende im Schloss gemacht hatte – und doch sind die meisten von ihnen gestorben und zu Staub zerfallen, lange, bevor das 20. Jahrhundert begann. Hier sind sie präsent, auf die zerbrechlichste Weise, die man sich vorstellen kann.

Dieses Fenster, das wie durch ein Wunder vor den Kriegswirren bewahrt und nie zerschossen wurde, spricht zu uns von Geschichte und Vergänglichkeit und von dem Miteinander von früher und heute. Mir wurde übrigens versichert, in Schweden gebe es solche gläsernen Gästebücher noch in einigen Schlössern.

Schlafzimmer

Schlafzimmer sind sicher die spannendsten Räume im Schloss. Erstens, wenn es einem vergönnt ist, selber in einem zu schlafen – dazu später mehr. Zweitens, weil sie fast noch mehr als andere Orte eine Oase des Gestern sind, in der fast alle Einrichtungsgegenstände über Lebensumstände einer verflossenen Zeit zu uns sprechen. Vielleicht hängt es damit zusammen, dass man den Ort, an dem man schläft, noch weniger ändern will als andere, weil er eben heimelig, vertraut, die Rückzugszone ist.

Was ich hier in der Folge beschreibe, sind Schlafzimmer in «bewohnten» Schlössern, die vor allem die Lebenskultur ab dem 19. Jahrhundert widerspiegeln; wie Museen gehaltene unveränderte barocke Schlafzimmer sehen etwas anders aus, doch vieles von dem nun folgenden gilt auch für sie.

Betten

Wenn man die Regel aufstellen kann, dass man Einrichtungsgegenstände im Schloss nur selten erneuert, dann ist das bei Betten praktisch ein Dogma. Bettgestell, Bettwäsche und auch die Matratzen sind aus Spar- und Traditionsgründen meistens alt, selten, dass so eine neumodische Erfindung wie ein Futon oder ähnliches seinen Weg in die Schlossschlafzimmer findet. Ungewohnt ist oft die Höhe der Betten, in die wir uns in manchen Schlössern als Gäste legen dürfen – ein Relikt aus einer Zeit, als der Abstand vom (eiskalten! ungeheizten!) Boden ein entscheidender Faktor beim Schlafkomfort war.

Und dann die Matratzen. Wenn wir in manchen Gästezimmern die Leintücher heimlich vom Bett entfernen, finden wir darunter ganze Stapel von dünnen, rosshaargestopften Matratzen, auf denen es sich hart liegt, hart und unebenmäßig. Solche Matratzenstapel erinnern unwillkürlich an die Erzählung von der Prinzessin auf der Erbse, die plötzlich gar nicht mehr so völlig unrealistisch erscheint. Ich habe schon in Schlossbetten gelegen, auf denen vier

oder mehr solche Matratzen windschief übereinander ge-
stapelt waren; was zwangsläufig zu abenteuerlichen nächtlichen Rutschpartien führt, zu verschobenen Leintüchern,
Balanceakten usw. Aber wenn es nachts kalt wird, ist es ein
strategischer Vorteil, noch mehr Hindernisse zwischen sich
und den Boden zu bringen.

Kommen wir – als kleinem notwendigen Exkurs, bevor
wir uns weiter im Schlafzimmer umsehen – doch gleich
zum Thema Heizen und Kälte. Und zu den

Kachelöfen

Viele Schlossbesucher sind völlig hingerissen von den zahlreichen großartigen Kachel- und anderen Öfen, die man in Schlössern zu sehen bekommt. In den Salons, in den Badezimmern – und natürlich und vor allem in den Schlafzimmern. Führen wir uns vor Augen, dass auch diese Öfen nicht nur ein prachtvolles Stück Kunstgeschichte sind, sondern ein Verweis auf etwas – auf das Frieren nämlich.

In Schlössern friert jeder. Das ist heute zwar meist nicht mehr zwangsläufig so, aber bis zur Einführung von Strom und Zentralheizungen fror man, oft erbärmlich. Für uns sind beheizte Räume eine Selbstverständlichkeit geworden, aber wenn wir uns nur die schweren und massiven Wintermäntel ansehen, die zur Zeit unserer Großeltern gang und gäbe waren, staunen wir. So dicke, schwere Mäntel macht heute einfach niemand mehr. Ja, und das ist so, weil man halt früher mehr fror als heute, auch im Gebäude.

Neulich erzählte mir eine alte Dame eindrucksvoll von ihrer harten, eisigen Kindheit in einem deutschen Schloss, einem in Westfalen gelegenen, das übrigens den Namen «Haus» trägt; sie sprach von eiskalten Leintüchern, von dem einzigen Kachelofen, der drei Zimmer weiter entfernt war, von dem nächtlichen Aufs-Klo-gehen-müssen im Nachthemd durch eisig kalte Gänge; kurzum, Frieren war trotz Bergen von Decken und Matratzen – außer im Hochsommer – unvermeidlich.

Ich habe selber, ohne mir dabei irgendwas zu denken, im Schloss meines Großvaters in jedem Badezimmer und auch in den Schlafzimmern diese verbrannt riechenden elektrischen Heizöfchen mit den spannenden glühenden Drähten darin erlebt, die heulend ansprangen und knisterten; ohne die jedes Bad und auch manche Nacht unerträglich gewesen wäre. Und einen anderen Geruch, der in Bronnbach selbstverständlich war, habe ich erst jetzt bewusst einordnen können – den von Öl. Überall im Schloss verteilt standen sie, diese altmodischen Ölöfen, mit einer metallen ausgelegten Abstellfläche für jene grünen Gießkannen aus Plastik, mit denen das Öl immer nachgegossen wurde. Ich sah fasziniert zu und erinnere mich noch gut, dass so lange eingefüllt werden musste, bis ein schwimmendes Bällchen (das mich besonders beeindruckte) eine gewisse Marke erreicht hatte. Heute sehe ich Elektro- und Ölöfchen natürlich als Teil des ewigen Kampfes gegen das Frieren in großen, ungeheizten Räumen.

Öfen sind überhaupt eine Angelegenheit des deutschsprachigen Raumes und weiter östlich und nördlich; in den beneidenswerten Schlössern in Italien, Frankreich und dem recht milden England wurden Räume immer schon eher mit Kaminen geheizt. Als dann im 19. Jahrhundert im Rahmen der englischen Country House-Begeisterung in Deutschland, Österreich und der Schweiz in jeden «gemütlichen» Salon nun auch ein Kamin gehören sollte, mussten viele Schlossbesitzer «falsche», Kamine einbauen lassen; wir können also das Experiment wagen – wenn in einem alten Schloss in einem Salon ein Kamin steht, schauen wir ihn uns genauer an – er ist zumeist rezenten Datums, wenn nicht gar «falsch», d.h. ohne Abzug und nur zu Dekorationszwecken gedacht.

Nun aber endlich zu den Öfen. Öfen hatten früher ursprünglich Lehm- oder Kalkoberflächen, erst als man nach und nach Keramikkacheln verwendete und feststellte,

dass die Wärmeübertragung an diesen Stellen besser funktionierte, ging man dazu über, Öfen ganz in Kacheln zu hüllen. Diese Umwandlung ging schon früh vor sich, vor dem 14. Jahrhundert. Da sich diese Kacheln hübsch bemalen oder gestalten ließen, entstand auch hier eine gigantische Industrie.

Technisch wurde der Kachelofen aber erst zu Beginn 18. Jahrhunderts zu einem großartigen Heizgerät, als man begann, die Abgase direkt in benachbarte Kamine zu lenken. Davor war er durch seine unordentliche Abgasentsorgung noch eher mängelbehaftet.

Mit Kachelöfen ist in meiner Erinnerung eine sehr sinnliche Erfahrung verbunden; ich habe selber in ein, zwei Fällen erlebt, warum viele dieser Öfen so konstruiert sind, dass sie von außerhalb des Schlafzimmers beheizt werden können, vom Gang etwa oder von geheimen Bedienstetengängen in der Wand. Jetzt löst sich auch das Geheimnis, was nämlich jene in der Wand des Ganges gelegenen kleinen Türchen sind – die Außentüren der Kachelöfen. Man liegt im Bett, im Zimmer ist es eiskalt; diskretes Scharren und Rascheln vom Kachelofen her weckt einen, um 5 Uhr etwa; dann ein Knistern, und im Ofen ist ein Feuer entzündet, damit der Raum erträglich warm ist, wenn der Gast aufsteht. Dieses stufenweise Erwachen mit Dunkelheit, Stille und diesem sehr heimeligen Knistern ist für mich eine der schönsten Schlossassoziationen.

Übrigens gab es eigene, gummibereifte Handkarren für das Amt der Ofenbefeuerung, auf welchen man Holz, Papier und Zünder transportierte – damit nicht etwa durch quietschende oder klappernde Räder die «Herrschaft» in ihrem Schlaf gestört werde.

Natürlich gibt es heute in Schlössern nicht mehr ausschließlich Kachelöfen; sie werden sogar in den seltensten Fällen noch verwendet; aber auch moderne Heizmethoden wollen gut überlegt sein: welche Teile des Gebäudes soll man heizen, wenn zum Beispiel das Halbwegs-Warm-Halten der zentralen Bereiche allein schon 15 000 Liter Heizöl jährlich schluckt? Da dürfen wir uns nicht wundern, dass auch heute noch große Teile des Schlosses nur im Sommer verwendet werden – oder gleich gänzlich leer stehen. Und dass man auch heute noch im Schloss wunderbar frieren kann.

Aber kehren wir wieder zurück in die Nähe des Bettes, genauer gesagt zum …

Nachttisch

Sollten wir einen Nachttisch neben dem Bett finden, lohnt sich ein kurzer Blick darauf und hinein. Nachttischchen sind eigentlich immer hoch (wie auch die Betten), alt und haben drei Funktionen, zwei davon sind den meisten von uns vertraut, die dritte ein Relikt der Vergangenheit. Also: Wozu dient ein Nachttisch für gewöhnlich?

Zunächst steht meist eine Lampe darauf, damit man vor dem Einschlafen lesen und/oder nachts Licht machen kann. Früher waren das Kerzen, in deren Schein man oft bis zum Einschlafen las – was dann zu den schrecklichsten Verbrennungen und ganzen Schlossbränden führen konnte. Aber auch heute noch sind diese Nachtkastllampen nicht immer ohne Risiko – sie sind nämlich oft sehr alt, lassen sich nicht wie heutzutage durch Berühren des Ständers, In-die-Hände-Klatschen oder andere Raffinessen einschalten, sondern haben vielfach sogar noch diese alten, kunststoffumwickelten Stromkabel. Ich erinnere mich daran, wie oft ich als Kind an Schloss-Nachttischlampen Stromstöße bekam, an dieses befremdliche schmerzliche *Summen*, wie fassungslos ich darüber war (so etwas passierte in unserer modernen Wohnung einfach nicht). Auch hier gilt wieder: was schon lange funktioniert, wird aus Gewohnheits- und Kostenspargründen nicht so gerne ausgetauscht.

Natürlich dient der Nachttisch außerdem als Ablage für Gegenstände wie Devotionalien, oft aus vergangenen Jahrhunderten; aber auch modernere Gegenstände wie Wecker und ähnlichem, und natürlich für Bücher, die man vor dem Einschlafen oder nach dem Aufwachen liest – für Zeitschriften ist auf diesen alten Möbelstücken meist zu wenig Platz. In jüngster Zeit ist auch das Handy dazugekommen, vielleicht gar das Notebook, und es macht besonderen Spaß, sich auf die verzweifelte Suche nach Steckern in Schloss-Schlafzimmern zu machen – die in unmittelbarer Nähe des Bettes stammen oft aus dem letzten Jahrhundert, und zwar nicht aus dessen letztem Drittel, und sind manchmal schlicht Ladegerät-untauglich. Und auch sonst finden sich in Schlafzimmern von Schlössern nur dann Stecker-Cluster für Notebook/Blackberry/Handy, wenn sich der Schlossbesitzer aufgrund seiner guten pekuniären Lage eine gründliche Erneuerung des Stromnetzes leisten konnte.

Die dritte Funktion entdecken wir meistens nur, wenn wir die alte Holztür des Nachttischchens öffnen. Hier befand sich nämlich früher der meist emaillebezogene, manchmal blecherne Nachttopf, und sollte er nicht mehr da sein, ist in der dunklen Öffnung, die mit hübschen Papiertapeten geschmückt sein kann, oft noch immer ein diffuser Geruch zu verspüren. Ich erinnere mich an diesen Geruch, den ich als Kind nie einordnen konnte, wenn ich Nachttischtürchen öffnete; der für mich etwas heimeliges hatte, weil er zu sämtlichen Nachtkästchen in Schlössern gehörte; und von dem ich erst heute weiß, woher er kam.

Tatsächlich gab es in Schlössern früher nachts –

a) kein Licht
b) keine Heizung
c) keine Badezimmer

d) Klos nur an wenigen Stellen, die am Ende
von dunklen Gängen lagen
e) Gespenster oder zumindest
f) grimmig blickende Ahnengemälde.
Da war die Variante Nachttopf verständlicherweise oft
die einfachste und bequemste. Oder man trank abends einfach gar nichts, wie mir mehrere Schlossbewohner anver-
trauten – die einfachste Art, den Schrecken der Nacht zu
entkommen.

Neben einigen Betten befindet sich an der Wand, in Greif-
weite, ein Knopf in der Wand, der oft auch in ein nach
oben laufendes Kabel übergeht. Das ist der «Room-Ser-
vice-Schalter», wie man es auf Neudeutsch nennen könnte; jeder, der den Film «Was vom Tage übrigblieb» gesehen
hat, kann sich vorstellen, wie unten in den Personalräumen,
etwa der Küche oder bei den Stubenmädchen, alle möglichen Glocken läuteten, wenn man ihn drückte. Heute,
wo «gutes Personal so schwer zu finden ist», wie mir ein
Schlossbesitzer einmal seufzend mitteilte, frage ich mich oft,
ob der Gastgeber selber kommen würde, wenn ich auf den
Klingelknopf drückte – oder ob der Knopf überhaupt noch
funktioniert... Ich habe es noch nicht probiert.

Waschtisch / Waschbassin –
das «Bad im Zimmer»

Bäder im modernen Sinn gibt es, von ganz wenigen Ausnahmen abgesehen, in Schlössern erst als neumodischen
«Nachgedanken» ab Ende des 19. Jahrhunderts. Und wenn
wir in der Beletage eines Schlosses heute ein Bad finden,

ist es oft klein, ein umgebauter und umgewidmeter anderer Raum. Wie aber haben sich die Menschen gewaschen? Waren sie elende Schmutzfinken, die sich einfach nicht wuschen, wie der Volksmund es auch heute noch gerne haben will? Ein Einrichtungsgegenstand des Schlafzimmers zeigt uns, wie die Realität aussah: der Waschtisch.

Führen wir uns zunächst vor Augen, dass eine Kanalisation im Schloss vor Mitte des 19. Jahrhunderts nicht einmal als Idee existierte und sich erst im letzten Drittel jenes Jahrhunderts langsam zu etablieren begann. Wasser zum Waschen musste also herbeigeschafft werden, wenn möglich warm natürlich. So werden wir im Ensemble des Waschtisches folgende Elemente finden:

- einen Krug, groß meistens und weiß,
    der mit heißem Wasser gefüllt bereitsteht.
- eine Schüssel zum Waschen, meistens
    auch ausladend.
- im unteren Teil des Tisches oder gesondert
    ein Bidet mit hübschem nierenförmigem
    Emaille-Deckel auf hohen, dünnen Stelzen.
- seitlich hängt ein Handtuch, meist weiß
    und sehr schlicht.

Das ist die Grundeinheit des «mobilen Badezimmers», das in Schlossschlafzimmern zu finden ist. Mit dieser Kombination haben sich durch die Jahrhunderte Schlossbewohner gewaschen, und wenn man es in all seiner Schlichtheit auch einmal getan hat, kann man zumindest ein wenig die höhnischen Spotttiraden begreifen, welche von Seiten der Standesgenossen auf diejenigen Schlossbesitzer niederhagelten, die etwa im Jahre 1860 fortschrittlich genug waren, ein Badezimmer in ihrem Schloss einzurichten.

Diese frühen Bäder hatten dann vielleicht eine im Boden eingelassene Wanne wie etwa in Grafenegg, und auch einen Ablauf, aber selbstverständlich keinen Zufluss; das Wasser wurde zum Baden gebracht; doch selbst so ein Bad galt noch lange als unerhörter Luxus und völlig unnötig.

Vielleicht können Waschtische uns einen kleinen Einblick in die eher spartanische Wirklichkeit von vielen Schlössern gewähren; man lebte in ständig kalten Räumen, mit zugigen Fenstern und Türen, in alten Kleidungsstücken, auf alten Matratzen, wusch sich im Zimmer – ein Leben ohne heißes Vollbad! – und all das ganz selbstverständlich. «Abhärtung» galt als sinnvoll im Schloss, sie war unvermeidlich. Wenn es uns heutzutage vergönnt ist, in einem Schloss zu übernachten, dann stellen wir uns das Ganze doch mal ohne den Komfort des 21. Jahrhunderts vor.

Wenn wir über Schlafzimmer sprechen, dann gilt dasselbe wie für die Salons im Schloss: es gibt unübersehbar viele. Das hängt zusammen mit einer neuen alten Form der «Solidarität»: Verwandte von Schlossbesitzern kommen wie selbstverständlich zu Besuch, bleiben einige Tage und wollen untergebracht sein. Eine Schlossbesitzerin erzählte mir, wie sehr sich neue Angestellte in ihrem Gemäuer immer über die große Zahl an voll ausgestatteten Gästeschlafzimmern wunderten – das Staunen verging ihnen dann meist nach dem ersten Sommer, wo sich das Schloss mit Scharen von Kindern, Verwandten und alten Tanten füllte; Gäste, die gerne auch mal zwei Wochen blieben und natürlich mit Nahrung, Wäsche und Handtüchern versorgt sein wollten. Diese Art von selbstverständlicher Gastfreundschaft im Schloss zählt zu den schönsten Seiten der Schloss-Großfamilie, obwohl so manche Schloss-Hausfrau heutzutage darunter zu leiden hat; wer keine Massen an Personal hat und nebenbei als Power-Taxi und Hausaufgaben-Durch-peitscherin ihrer drei bis fünf Kinder einen supergestressten Tag hat, ist manchmal von rührenden alten Tanten überfordert, die «schon immer» im Sommer drei Wochen kamen und auch weiterhin immer ein wenig beleidigt sind, wenn die Hausfrau nicht die Tage gemütlich mit ihnen verbringt (wie ihre Schwiegermutter früher, als es noch zahllose Angestellte gab).

Viele Schlafzimmer, sagten wir… aber erstaunlich wenige Toiletten.

Toiletten
(oder Wohin geht das eigentlich alles?)

Früher, vor der Einführung von Rohren und Kanalisation in Schlössern, gab es zwei Möglichkeiten, seine Notdurft zu verrichten – auf Nachttöpfe (siehe das Kapitel Schlafzimmer) oder auf Plumpsklos, also Toiletten, die im direkten freien Fall auf einen Hügel, in den Burggraben (in Westfalen «Gräfte» genannt) oder ein Gebüsch führten. In Schönbrunn sperrte man sich einfach zwischen zwei Durchgangstüren ein, erledigte, was zu erledigen war, und ließ den Topf dann wegbringen.

Plumpsklos gibt es in einigen Schlössern immer noch, und sie sind hier und da sogar noch in Benutzung. Eine Schlossbewohnerin erzählte mir von ihrer Todesangst jedes Mal, wenn sie sich darauf begab – denn unter dem Klo war der Wassergraben des Schlosses, und dort gab es Schwäne. Ihre Angst war spezifisch – was, wenn irgendein Schwan herauf fliegt und mich *von unten beißt?* Wo wir bei unserem Rundgang vielleicht Nachttöpfe finden, haben wir schon

84

beschrieben; vielleicht finden wir noch ein Plumpsklo (aber immer nach Schwänen Ausschau halten!).

An dieser Stelle ein Blitzexkurs zum Wassergraben. Dieser hatte neben bzw. nach seiner Funktion als Barriere gegen angreifende Gegner die sehr praktische Funktion einer Müllhalde, in welche man Fäkalien, Abfall oder durchaus einmal Leichen entsorgen konnte; zahllose Dinge flogen in die «Gräfte»; vor allem Waffen oder auch Leichen aus alten Fehden wurden dann Jahre später gefunden, wenn man das Wasser mal wieder abließ, um den Schlick zu entfernen. Das heißt, wenn wir heute zuweilen beim Betreten eines Wasserschlosses den Impuls verspüren könnten, darin zu baden – früher hätten wir das wohl lieber nicht getan.

Auch für Schlosskinder konnte der Wassergraben, sogar in seiner ausgetrockneten Form, lebensrettend wirken. Mein eigener Großvater wurde in einem ehemaligen Wasserschloss in Nachahmung einer Ritterlegende von Geschwistern aus einem ziemlich hoch liegenden Fenster abgeseilt; das Seil war jedoch erstens zu kurz und zweitens zu dünn, und wäre da nicht der schräg abfallende leere Wassergraben gewesen, der den unvermeidlichen Sturz aus großer Höhe abfederte, ich wäre möglicherweise nie sein Enkel geworden.

Zurück zu Kanalisationsfragen. Spätestens mit dem Beginn des 20. Jahrhunderts hatten dann alle Schlösser – nach Vorgaben aus England – auf Kanalisation umgestellt. Und so wurden auch, wie vieles andere, die Toiletten in Schlössern gerne nach dem englischen Stil eingerichtet. Zur «Gemütlichkeit» gehört dann auch oft «etwas zum Lesen». In Schlosstoiletten (oder «Häusl» oder «Klo» – «Toilette»

sagt eigentlich kein Schlossbesitzer) liegen neben oft englisch anmutenden Seifchen gerne Lektürestapel, von alten
Ausgaben des französischen Adelsmagazins «Point de Vue»
über «Wild und Hund» bis zum deutschen Adelsblatt. Es
hat wohl etwas Beruhigendes, über geplante Radtouren zu
restituierten Schlössern oder Stellenanzeigen von Au Pairs
mit Schlosserfahrung zu schmökern.

Die Klos selber sind in vielen Fällen noch «die alten»,
das heißt solche mit unendlich hoch sitzenden Wasserkäs-
ten und Ketten zum Ziehen. Das darf uns nach allem, was
wir über Kostenersparnis und das Bewahren von liebge-
wonnenen Einrichtungsgegenständen gelesen haben, nicht
erstaunen. Es hat aber auch einen sehr praktischen Grund:
moderne Spülkästen scheitern oft kläglich an den uralten,
verkalkten Rohren, die in Wänden und Böden von Schlössern die Abwässer nach draußen transportieren; das kleinste
Hindernis führt da zum Totalausfall, während alte Kästen
kraftvoll genug sind.

Dass Humor in jeglicher Form (besonders in jener
von grotesken Stichen mit Hunden oder «schmunzelnden»
Jagd-Karikaturen) wohl schon immer zum Klo gehörte,
zeigt das Beispiel zwar nicht eines Schlosses, aber doch eines
unzerstörten Stadtpalais in Aachen, des Hauses Heusch; es
enthält das älteste hölzerne Wasserklo mit barocker Einrichtung und, unmittelbar dahinter, mit Öl auf Leinwand und
hinter Glas gemalt, eine fiktive Bibliothek aus alten Büchern mit Titeln wie «*De Urinis et eorum colore*» und «*Buch
zum Notieren des merkwürdigen Stuhlganges*»... solcherlei hat
sich sicher auch in Schlössern überall befunden.

Da das Klo nicht im Raum aufhört, müssen wir nun zum
Thema Kanalisation kommen, oder wo das eigentlich alles

hingeht. In Österreich habe ich vor einigen Jahren miterlebt, wie die schrittweise Umstellung aller Gemeinden von Senkgruben auf Kanalanschluss an das öffentliche Abwassernetz stattfand. Bis dahin hatten die meisten Haushalte ihre Abwässer auf dem Lande einfach in Senkgruben geleitet, die man regelmäßig entleeren ließ. Da kam dann oft die illegale Gewohnheit dazu, diese Gruben etwas undicht zu gestalten, und so hielten sich die Kosten für Abwasserentsorgung in sehr überschaubaren Grenzen. Der Umwelt oder der Trinkwasserqualität tat das natürlich nicht sehr gut.

Doch nun herrschte großes Zähneknirschen bei vielen Haushalten, denn die anfallenden Gebühren für den Anschluss an den Abwasserkanal berechneten sich nach Grundfläche, Zimmern mit Wasserhähnen und Bewohnern und waren meist schrecklich hoch. Können Sie sich aber vorstellen, wie entsetzlich teuer die Zwangsanschließung für einen Schlossbesitzer war? Können Sie ermessen, wie viele Zimmer mit Wasserhahn es in Schlössern in wie vielen Stockwerken gibt und wie viele Quadratmeter da zu berechnen waren – die nichts mit dem Reichtum des Bewohners zu tun hatten?

Glücklich jene Schlossbesitzer, die rechtzeitig einen Pakt mit ihrer Gemeinde geschlossen hatten und zum Beispiel eine biologische Kleinkläranlage aufstellen konnten – die auf Jahre gesehen bedeutend weniger kostet als der Kanalanschluss. Die anderen mussten zähneknirschend zahlen. Damit waren die Probleme aber noch nicht alle gelöst: Einige Schlossbesitzer hatten sich Zeit ihres Lebens noch nie wirklich darum gekümmert, «wo das alles hinkommt», und entdeckten nun zwangsläufig und staunend Jahrhunderte alte Abwasserleitungen, die irgendwo in einem Fluss oder einem Waldstück endeten – wo die Abwässer von Generationen von Grafen und Gräfinnen gelandet waren. Sicherlich archäologische Leckerbissen, aber wieder ein Hinweis darauf, wie anders die Uhren in so alten Gebäuden wie Schlössern ticken – und was passiert, wenn Tradition und Moderne aufeinanderprallen

Prunkräume

Egal wie klein das Schloss, egal wie heruntergekommen – den Fest-, Prunk- oder Prachtsaal gibt es eigentlich fast immer, in den größeren (Barock-) Schlössern gibt es häufig deren mehrere, die sich stellenweise nur graduell von den fast genauso prachtvollen Salons in unmittelbarer Nähe unterscheiden. Aber unumgänglich ist der Festsaal doch – irgendwo muss man ja die Hochzeitsfeste für seine zahlreichen Töchter abhalten oder Silberne Ehejubiläen feiern, Empfänge ausrichten oder Galadiners geben (mit hastig herbeigeschafften Tischen).

Der Prunksaal des Schlosses (oder die Prunksäle) – ist meist größer als die Salons, aufwändiger gestaltet und in den meisten Fällen leer, ohne Möbel. Die Wände können bemalt sein, mit prächtigen Tapeten belegt oder auch mit Spiegeln gestaltet («Spiegelsaal»). Die Decke ist gerne mit Stuck verziert und oft mit beeindruckenden mythologischen Darstellungen bemalt, deren tiefere Bedeutungen uns heutzutage oft entgehen.

Prunksäle werden auf Führungen in Schlössern gerne gezeigt, weil sie oft künstlerische Höchstleistungen des Barock enthalten; ich fand sie ehrlich gesagt immer etwas langweilig; mit dem Alltagsleben im Schloss haben sie nämlich meistens wenig zu tun, und Schlossbewohner haben selber oft kaum Umgang mit ihnen. In Bronnbach gab es etwa den Josefssaal, der aber nur für große Veranstaltungen wie Hochzeiten oder Feste verwendet wurde und den wir Kinder mehr aus alten Erzählungen denn aus realem Erleben kannten; und so wird das in vielen Schlössern nach dem Zeitalter des Absolutismus gewesen sein.

Eine Funktion, für die Prunksäle oft standen, werden wir gleich kennen lernen. Vielleicht gegen Mittag, jedenfalls werden wir irgendwann etwas Hunger bekommen und uns fragen, wie es denn in unserer Beletage um das Essen steht. Und siehe da, die nächste Türe führt uns hinein – vielleicht ist es ein besserer Salon, vielleicht sogar der Prunksaal des Schlosses, jedenfalls betreten wir jetzt den

Speisesaal oder das Esszimmer

Groß ist er fast immer, der Speisesaal; was für die vielen Bewohner des Schlosses im Bereich Salon gilt, ist auch hier zu bedenken – im Schloss war viel «Herrschaft», die zu bedienen war. Zu Beginn, im Barockschloss, konnte man, wie oben schon erwähnt, jeden Salon oder Prunksaal zum Speisezimmer machen, indem man Möbel hin- und hertransportierte; ansonsten erkannte man das zum Essen bevorzugte Zimmer vielleicht an den Wanddekorationen. Denn was macht ein Esszimmer aus, wenn nicht der Tisch und die Stühle? Vielleicht noch so etwas wie eine Anrichte an der Wand?

Ich habe selber in Bronnbach noch die ganze Maschinerie erlebt – dreißig Personen um einen endlos langen Esstisch in dem schönen, barocken Speisesaal, viele davon Kinder (die übrigens unweigerlich, je länger das Essen dauerte, die Angewohnheit hatten, den Tisch lärmend und rennend zu umkreisen, so wie Ben Hur mit seinem Wagengespann die Arena); ein unbeschreiblicher Lärm herrschte da oft; das Essen wurde noch serviert; der nächste Gang wurde mit einer Tischklingel gerufen, die durch ein langes Kabel mit der Wand verbunden war – ein Kabel, über das man übrigens auf keinen Fall stolpern durfte.

Ein Speisesaal selber ist, wenn denn mal keine Möbel darin stehen, oft nicht mehr als Speisesaal zu erkennen. Und mit dieser Tatsache – und seiner enormen Größe – hat der Speisesaal heutzutage oft sein eigenes Schicksal besiegelt. In einem Zeitalter, wo auf Schlössern nicht mehr zwölf Kinder geboren werden und auch immer seltener vier Generationen unter einem Dach leben, ist in den meisten Fällen der Speisesaal nicht mehr in Funktion; er hat sich sozusagen selbst überlebt und zu dem Salon oder Prunksaal zurückentwickelt, der er einmal war. Höchstens, dass einmal ein großes Festessen gegeben wird, dann werden die Teile des endlos langen Esstisches vom Speicher geholt (siehe dort) und entstaubt.

Wo aber essen Schlossbewohner im Alltag, wenn keine Feste stattfinden? In kleinen umgebauten Esszimmern; und in ebenso kleinen Küchen! Während sich also ein (ehemaliger) Speisesaal wie selbstverständlich in der Beletage findet, werden wir uns in den meisten Schlössern sehr schwer tun, hier oben eine richtige Küche zu finden! Was hier oben vorhanden ist, sind, ähnlich wie bei den Bädern, umgebaute andere Räume, kleine oft, die gerne auch als Ersatz-Esszimmer fungieren. Aber wo um Gottes Willen steckt die …

Schlossküche

… jenes behagliche Gebilde, das Assoziationen von opulenten Mahlzeiten, dampfenden Schüsseln voller Wild, Knödel und edlen Weinen hervorruft? Wo werkelt die manchmal dickere, manchmal hager-strengere Schlossköchin, die daran schuld ist, dass sich Bücher mit Rezepten «aus der Schlossküche» immer noch wie warme Semmeln verkaufen?

Es gibt sie schon noch, natürlich; nur seltener. Ich habe die klassische Schlossküche mit Holzherd im vollen Betrieb, Schürhaken, molliger böhmischer Köchin und geheimen Fruchtjoghurt-Reserven als einen der großartigsten Plätze in Bronnbach erlebt. Ein Zufluchtsort, der nebenbei über einen uralten Klostergang erreicht wurde, in dessen Mitte für mich damals völlig kryptische Metallkacheln lagen, die beim Laufen immer so schepperten und rasselten. Heute denke ich, es könnte ein Wasserablauf im alten Kloster gewesen sein.

Also, es gab sie schon, mit ihren Herden und offenen Abzügen, ihren Schürhaken und alten, großen Fleischmühlen, aber sie war, wie fast alle Schlossküchen, eben im Erdgeschoss zu finden – unpraktisch weit weg von der Beletage, unpraktisch weit für den Transport von Speisen, die natürlich kalt werden.

Woran liegt das? Dazu müssen wir zurückgehen zu jener Zeit, als das Feuer, auf dem die Mahlzeiten zubereitet wurden, in Schlössern noch ein *offenes* war. Diese (neben den Kerzen) gefährlichste Quelle für Brände musste möglichst weit von den wertvollen Räumlichkeiten platziert werden. Um das Haus zudem rauchfrei zu halten, war es in mittelalterlichen Adelswohnhäusern sogar üblich, die Küche als separates Gebäude zu errichten.

Wer eine spätmittelalterliche, geradezu prachtvolle Schlossküche mit einem durchlaufenden Bach, einem Thron für den Oberkoch und allen nur denkbaren Utensilien besichtigen will, sollte einmal das Hohenlohe'sche Schloss Neuenstein besuchen. Es lohnt sich unbedingt.

Mitte des 16. Jahrhunderts begann man, in Schlossküchen offene Feuerstellen zu ummauern und stellenweise bereits mit Eisenplatten mit einem Loch in der Mitte abzudecken; doch der Durchbruch zur heutigen Küche kam sicher mit dem von Francois Cuvilliés Castrol im Jahr 1735 entworfenen Topfherd.

Danach entwickelte sich bis ins 19. Jahrhundert die heutige Form der großen Schlossküche, die von außen für Lieferanten, für Holz- und Wassertransport leicht zugänglich, dabei zugleich möglichst weit weg von den Wohnräumen sein sollte, um weniger Feuersbrünste, dafür aber Geräusch- und Geruchsbelästigung zu vermeiden.

Das hatte den Vorteil, dass Belästigungen für Schlossbewohner minimiert wurden, brachte aber für das Personal erheblichen organisatorischen Aufwand mit sich; denn das Essen musste auf den langen Wegen von der Küche bis zum Speisezimmer zwangsläufig kalt werden. Um dieses Problem zu lösen, arbeitete man mit Speiseaufzügen und Pantrys.

Pantry und Aufzug

Ich habe mir in Bronnbach als Kind nie Gedanken gemacht, warum neben dem Speisesaal ein zusätzlicher kleiner Raum existierte, mit einem herrlich-spannenden rumpelnden Speiseaufzug mit Seilwinden und mit zuschiebbaren Türen, theoretisch genau groß genug, um einem zusammenge-rollten Kind Raum zu bieten. In meiner Generation hat es meines Wissens nach keiner gewagt, sich von der Pantry hinunter in die Küche abseilen zu lassen; es würde mich aber nicht wundern, wenn sich andere Schlosskinder mindestens einmal im Leben diesem wackelig-lebensgefährlichen Abenteuer verschrieben hätten.

Solche Speiseaufzüge finden sich in fast allen Schlössern und sind ein aufregendes archäologisches Relikt. Neulich fand ich übrigens einen, der direkt in ein prächtig geschmücktes Barockschlafzimmer führte. Was wohl bedeutet, dass es den kleinen Hunger zwischendurch schon länger gibt, als wir meinen.

Was die Pantry sollte, begriff ich damals wie gesagt nicht – natürlich war mir klar, dass so die Speisen von unten (aus der Küche) nach oben (in das Esszimmer) transportiert wurden. Aber man brauchte halt einen Raum, wo das Essen zwischen oder vor den Gängen bereit- und warmgehalten wurde, wo man Getränke wie Wein oder Bier außer Sichtweite, aber stets griffbereit hielt – und das war eben die Pantry.

Kochen im Erdgeschoss, Transport nach oben, Servieren bei Tisch – das erforderte natürlich einen gewissen Personalaufwand. Und weil heute das Personal rar ist und die meisten Schlossbesitzerinnen selber als Köchinnen wirken, stehen die alten Erdgeschossküchen meist leer und wurden durch eine Ikea- oder Manufactum-Küche im ersten Stock ersetzt.

Kommen wir von der körperlichen Ernährung zu einer anderen Form von Speise, der geistigen; zu den Büchern.

Betreten wir also ein Stück den Gang hinunter die …

Bibliothek

Entgegen bösartigen Gerüchten muss hier zunächst einmal festgestellt werden: es gibt auf Schlössern nicht nur «Wild und Hund», den «Gotha» und Jagdbücher. Im Gegenteil: Die meisten Schlösser wimmeln nur so von Büchern – wenn man sich genauer umsieht. Und nicht nur in der Bibliothek. Weil das Haus über Jahrhunderte bewohnt ist, sammeln sich nach und nach nicht nur unendlich viele Einrichtungsstücke, Gemälde und Krimskrams an, sondern eben auch Bücher, Bücher, Bücher. Die meistens von uns Normalsterblichen, die fanatisch lesen, kennen das Problem – man muss die gelesenen Papiermeter irgendwo unterbringen; nach und nach wird auch die größte Wohnung zu klein, selbst die Villa tut sich schwer, all die Bücher aufzunehmen, Regale müssen an ungewöhnlichen Orten aufgestellt werden, Gänge verwandeln sich in improvisierte Bibliotheken etc.

In Schlössern gibt es Platz, sehr viel Platz sogar, und auch viele Regale (oder wie man auch sagt: *Stellagen*), auf denen Bücher landen können. Wird der Raum knapp, geht man einfach auf den Speicher (siehe dort), da finden sich sicher noch so manche verstaubte Gestelle aus der Zeit der Großeltern. Daher kommen im Schloss die Bücher der vergangenen Generationen meistens auch nicht «weg», es sei denn, Kriegswirren fordern ihren Tribut: In vielen Schlössern haben die Jahre 1939 bis 1945 schreckliche Wunden in Bibliotheken geschlagen – wie etwa in Grafenegg, wo in der sowjetischen Besatzungszeit aus 40 000 Büchern durch Plünderung und vor allem Verbrennung (!) 2500 wurden.

In bewohnten Schlössern finden sich Bücher oft an den erstaunlichsten Orten und sind dort ein Wandschmuck wie Rehgeweihe und Gemälde. Beim Entlanggehen an diesen wild zusammengestellten Regalen kann man wie ein Bucharchäologe die Hits und Klassiker der jeweils letzten fünf Generationen, in feiner Eintracht abgestellt, finden. In Bronnbach gab es neben einem der Klos eine eigene kleine Krimibibliothek, die sich sehen lassen konnte, mit Thrillern aus den fünfziger Jahren in drei Sprachen.

In Assumstadt würde sich ein lesefreudiger Besucher übrigens sehr enttäuscht fühlen, wenn er eines der schönen Bücher aus einer bestimmten Sektion der Bibliothek nehmen wollte – es sind nur noch Buchrücken, da beim Einbau der Zentralheizung die Bücher halbiert werden mussten (aber zumindest noch als hübsche Dekoration stehen blieben).

Nun wollen wir aber über die «richtige» Schlossbibliothek reden. Wie wir uns mittlerweile denken können, ist diese in Schlössern nicht nur «ein Raum, wo Bücher stehen» – sondern sie erfüllt fast immer auch eine gesellschaftliche Funktion. Und zwar gibt es sie meiner Erfahrung nach vor allem in zwei Ausprägungen – und dann natürlich in allen Zwischenvarianten.

In Renaissance- und Barockschlössern sowie solchen, die alte Räume unverändert beibehalten konnten, finden wir vielerorts noch die *repräsentative Bibliothek*, ein Prachtraum oder ein Salon, in dem alle Wände oder zumindest eine gewaltige Wand bis zur Decke gefüllt sind mit diesen schönen alten, gelblich schimmernden Ledereinbänden aus alten Zeiten. Wir gehen staunend an meterweise Cicero, Livius, Enzyklopädien, Hofkalendern und den unvermeidlichen Gothas, den Handbüchern des Adels entlang (erstaunlicherweise übrigens zumeist überhaupt keine Jagdbücher), bewundern ihre mathematische Präzision, ihre über mehrere Regale verlaufende Gleichmäßigkeit, und fragen uns insgeheim: Hat die wer gelesen? Ist man überhaupt an Xenophons Anabasis in der schönen Edition des 17. Jahrhunderts da oben im höchsten Regal gekommen, wenn man sich schnell etwas zum Lesen ins Bett mitnehmen wollte?

Natürlich waren dies, außer bei sehr lesebegeisterten Schlossbesitzern, nicht Lesebibliotheken wie unsere heute, sondern vor allem auch Dekoration und Tapete, vor der man sich angeregt unterhielt, über die neuesten Errungenschaften plauderte.

Die Bücher wurden auch zusammengestellt, geordnet und angekauft von einem Bibliothekar, der zumeist viel mehr Ahnung hatte, was man «haben musste» und was die Kollegen in anderen Schlössern erwarben. Das heißt nicht, dass solche Bücher früher nie gelesen wurden – aber ich habe immer wieder einzelne Exemplare aus solchen soliden Wänden zu lösen versucht und dabei den Schluss gezogen, dass das Lesen zumindest nicht die Hauptfunktion dieser Bibliotheken war.

Dass Schlossbewohner sich die Prachtbibliothek aneignen können, wenn auch nicht genauso, wie von ihren Erschaffern vorgesehen, zeigt das Beispiel einer höchst wertvollen Bibliothek in einem Schloss in Deutschland, welches einen bibliophilen heiligen Gral beherbergt: eine Erstausgabe eines Werkes des 16. Jahrhunderts. Germanisten bestaunen das Buch; doch der Schlossherr vermeidet es, sie weiter nach hinten blättern zu lassen – dort befindet sich eine prächtige Illustration mit einem perspektivisch nach hinten entschwindenden, karogemusterten Parkett, und dieses hat irgendein Schlossfräulein vor 100 Jahren – eher *mittelgut* – mit Wachsmalkreiden ausgemalt. Man kann darüber entsetzt sein oder schmunzeln – es zeigt jedenfalls wieder einmal, wie sehr das Schloss und alles darin zur vertrauten, angeeigneten Umgebung wird, egal, wie groß der kunsthistorische Wert ist.

Und dann kam erneut eine Mode aus England (woher auch sonst?), und in der Nachfolge der repräsentativen Bibliotheken entstanden die dilettantischen oder Liebhaberbibliotheken. Nun konnten lesende Schlossherren nach Herzenslust ihre Lektüre sammeln, und Bibliotheken verwandelten sich in *studies*, in gemütliche Arbeitszimmer, in denen man sich zurückziehen und lesen konnte. Das führte dazu, dass einerseits die «gesammelten» Bibliotheken noch weniger gelesen und verwendet wurden – und andererseits die «aktive» Bibliothek mehr vom persönlichen Geschmack des Schlossherrn als von Bildungs- und Gesellschaftsvorstellungen diktiert wurde. Ich besitze zum Beispiel einen ersten Band von Eugène Sues reißerisch-genialem Kolportageroman «Les Mystères de Paris» von 1843 mit feierlichem Stempel einer adligen Bibliothek aus einem Schloss unweit Halle – fraglich, ob so ein «Schmöker» seinen Weg in frühere, «offizielle» Bibliotheken gefunden hätte ...

In Bronnbach gab es, soweit ich weiß, keine alte Bibliothek, das Schloss wurde auch erst seit den dreißiger Jahren wieder bewohnt; es gab aber gleich neben dem Speisesaal «die Bibliothek», das war das niedrige Arbeitszimmer des Schlossherrn, wo sein Schreibtisch stand, mehrere Sitzgruppen – und die Wände mit einer großen, jedoch zum Lesen einladenden Bibliothek; hier nahm man den «schwarzen Kaffee» nach jeder Mahlzeit (den Tee hingegen immer im Salon); und schließlich gab es ja auch noch die oben erwähnte Krimibibliothek.

Dass in Schlossbibliotheken bei aller Veränderung doch gewisse Dinge gleich bleiben, zeigt die Geschichte einer Schlossbesitzerin. Beim Räumen vor wenigen Jahren staubte sie alle alten Bücher ihrer Bibliothek ab und fand dabei eine wunderschöne alte Schiller-Ausgabe in 20 Bänden. Leider fehlte der 13. Band! Einen halben Nachmittag lang suchte sie verzweifelt in den verschiedenen Teilbibliotheken der übrigen Stockwerke, bis ihr zufällig ein akribischer Katalog der vorhandenen Bücher aus dem Jahre 1901 in die Hände fiel. Sie sah nach – und jawohl, schon 1901 fehlte der Band 13. Jetzt konnte sie sich entspannen – wenn die damaligen Besitzer den Band nicht fanden, würde sie es ganz gewiss nicht schaffen ...

Manche Schätze harren noch in solchen Bibliotheken ihrer Entdeckung, unentdeckt, da selten gelesen. In Grafenegg fanden sich im 19. Jahrhundert in der Bibliothek zwei unbekannte Haydn-Autographen. Und im Neveu'schen Schlösschen in Durbach/Ortenau wurde beim Entrümpeln eine Kiste wertloser alter Briefe dem Kaminfeuer übergeben. Auf einem Balken in der Nähe fand sich noch ein Brief aus der eben verbrannten Sammlung. Er trug die Unterschrift «Friedrich v. Schiller»...

Kapelle

Die Beziehung von Herrschaft und Religion ist eine alte; *cuius regio, eius religio*, so haben wir schon in der Schule gehört. Wenn wir Schlösser besichtigen (und natürlich auch unser Ideales Schloss), werden wir feststellen: entweder ist darin eine Kapelle gebaut – oder es gibt eine Kirche zumeist in unmittelbarer Nähe, die fast immer Spuren der Schlossbesitzer trägt. Salopp gesagt: Entweder holt man sich die Kirche ins Schloss – oder das Schloss in die Kirche.

Letzteres können wir in Kirchen beobachten, wo das Schloss direkt angebaut ist: da gibt es dann oft noch irgendwo einen Balkon, von dem aus die adlige Familie, die durch einen direkten Gang hinübergewandelt ist, der Messe folgte, abgesondert, aber doch dabei. Oder zumindest gibt es eine Bank vorne rechts, der sogenannte «Stand», die leer bleibt und sich dann kurz vor der Messe (auch heute noch) sonntags mit wuselnden adlig gekleideten Kinderscharen füllt – so es denn solche noch gibt.

Schlosskapellen haben meistens einen Zugang von außen, damit auch die Bevölkerung der Umgebung in den regelmäßigen oder seltenen Genuss einer Messe im Schloss kam. Und eigentlich immer gibt es auch den direkten, exklusiven Zugang aus dem Haus. Ich habe solche Kapellen

gesehen, aus dem Barock etwa, wo an der Orgel ein eigener Zugang aus dem ersten Stock des Schlosses, der Beletage, möglich war; so konnten Schlossbewohner auch hier direkt aus dem daneben gelegenen Salon Zutritt haben und der «Messe beiwohnen», ohne gesehen zu werden.

Man kann die Nase rümpfen über solche Trennungsbedürfnisse, die heute natürlich nicht mehr zeitgemäß erscheinen. Aber die Selbstverständlichkeit, mit der die Religion in das Schlossleben hineinwirkte und noch immer -wirkt, sollte uns doch zu denken geben. Es ist nun einmal so, dass Schlösser aus einer Zeit stammen, in denen den meisten Menschen das ewige Seelenheil ein echtes Anliegen war – und ein viel drängenderes, da man nicht so methusalemisch alt wurde wie heute, das Leben schon mit 40 endgültig vorbei sein konnte, oder bereits mit 21, nach der gerade aktuellen Geburt. Kinder starben sowieso die ganze Zeit, der Tod war viel gegenwärtiger, wurde nicht ins Altersheim oder ins

Krankenhaus verbannt – und somit befasste man sich viel mit dem Jenseits. Und fühlte sich als Landesherr natürlich für die Seelennöte seiner Schutzbefohlenen in Schloss und Dorf verantwortlich. Außerdem hatte man zumeist das Patronat inne, man kümmerte sich um Reparaturen am Kirchendach und das Gehalt des Pfarrers.

Nicht nur die eigene Sterblichkeit gemahnte einen daran, dass die wahre Heimat «drüben» ist – sondern auch die regelmäßige Begegnung mit den eigenen Vorfahren in Form ihrer Grabsteine; und mit der eigenen zukünftigen Begräbnisstätte in Form der Familiengruft. Und der Gruft begegnete man als Schlossbesitzer viel öfters als unsereins, der sich dafür meist auf einen öffentlichen Friedhof begeben muss. Mit den Gräbern seiner Ahnen wurde man meist bereits bei jedem Sonntagskirchgang konfrontiert – wenn diese innerhalb der Pfarrkirche begraben waren, vor allem aus jener Epoche her, als der Kirchhof noch rund um die Kirche lag. Bevor Friedhöfe nach und nach außerhalb der Stadtmauern verlegt wurden, begrub man Stifter, Gönner und die Inhaber des Patronats wie selbstverständlich innerhalb der Mauern.

Oder man hatte «seine Toten» gleich im eigenen Haus, wenn Kirche/Kapelle und Gruft in das Schloss integriert waren.

Ein weiterer Ort zur Begegnung mit der eigenen Sterblichkeit konnte schließlich der Schlosspark werden. Denn im 19. Jahrhundert kam, im Rahmen der romantischen Ideen des englischen Landschaftsgartens, für einige Jahre die Gewohnheit auf, neben Kunstruinen auch echte Mausoleen im Park anzulegen, in denen man sich wirklich begraben ließ. Auch das ein Anreiz, über die eigentliche Vergänglichkeit nachzudenken. Ich habe beim Schlendern

im Park von Whiteoaks in England auf diese W
lancholische Grab von Lord Carnarvon, den
von Tutanchamun, bewundern können.

Mein eigener Großvater konnte von sein
aus seine zukünftige Begräbnisstätte sehen und   .. nien
mehrfach darauf hin, dass es etwas ungeheuer Beruhigendes
hätte, jeden Tag den Ort zu sehen, wo man dereinst begraben sein würde.

Es sind aber nicht nur Tod und Vergangenheit, in welche wir in Schlosskapellen blicken; in vielen Fällen beginnt
ein neuer Trend zur Rückkehr der Religion ins Schloss.
In einem protestantisch geführten Schloss in Deutschland konnte ich tief beeindruckt nicht nur erleben, dass
der Schlossherr selber im Sonntagsgottesdienst predigte –
nein, noch erstaunlicher war es, dass gegen halb zehn an
normalen Werktagen alle Familienmitglieder, Freunde und
auch das Personal die Arbeit niederlegten, sich in einem
unscheinbaren Raum versammelten und dort eine Viertel-
stunde zusammen beteten und in der Bibel lasen. Natürlich
ist das nicht jedermanns Sache, aber auch gemeinsames Gebet kann ein Kitt sein, der viele Spannungen überwindet.

In vielen katholischen Schlössern bemühen sich die
jungen Besitzer wieder darum, das «Allerheiligste» in der
Kapelle zu haben – den konsekrierten Leib Christi, dessen
Gegenwart man übrigens in allen Kirchen, auch in Schlosskapellen, an dem entzündeten roten «ewigen Licht» neben
dem Tabernakel erkennen kann. Da dies aber nur mit Aus-
nahmegenehmigungen des Bischofs und unter Auflagen
wie regelmäßig gefeierter Messe und besonderen Gebets-
zeiten auch für die Umgebung möglich ist, deuten solche
Bestrebungen auf ein verstärktes Gebetsleben in Schloss
und Dorf hin.

Natürlich ist die Familie meines Großvaters ein spezieller Fall, denn sie ist immer schon katholisch gewesen; aber in Bronnbach war es selbstverständlich, dass man an Weihnachten oder Ostern oder auch einfach nur am Sonntag am Ende eines Ganges eine stark nach modrigem Holz riechende, alte Treppe unter der Orgelempore hinunterstieg und den Gottesdiensten beiwohnte; dabei natürlich regelmäßig, sobald das Alter es zuließ, auch bei den Messen ministrierte. Für meine 25 Cousins und Cousinen und für mich selbst war es also nichts Ungewöhnliches, eine Kirche zu besuchen – sie ragte gleichsam ins Schloss hinein, und das Schloss in die Kirche.

Das sollten wir im Auge behalten, wenn wir eine Schlosskapelle besichtigen; vielleicht können wir auch rasch in einem Gotteslob blättern, die manchmal darin vorzufindenden Sterbebildchen mustern – viele Gebetbücher sind fast bis zum Platzen gefüllt mit solchen Bildlein, auf denen verstorbene adlige Freunde und Verwandte aus den letzten hundert Jahren zu finden sind, die einem Schlosskind somit nicht nur im Alltag auf Gemälden, in Erzählungen der Eltern oder im Gästebuch begegnen, sondern eben auch hier, in der Kirche, der Schlosskapelle, bei jedem Blättern nach einem Lied. Immer ist man Teil einer großen Reihe von Familienmitgliedern; und immer hatten diese einen Bezug zur Kirche.

In nördlicheren Schlössern, auch im protestantischen Raum verbreitet, finden sich hübsche Wappen-Totentafeln, die, aus Holz und bemalt, in Form eines auf der Spitze stehenden Vierecks, zunächst nach dem Tod der betreffenden Person ein Jahr lang über dem Schlosstor hingen, um jeden Besucher gleich auf die herrschende Trauer hinzuweisen; danach gerne in Schlosskapellen transferiert wurden, um (auch in protestantischen Gegenden) den Betrachter zum Gebet für den Verstorbenen aufzufordern. Wegen des Trauerjahres sind solche Totentafeln denn auch meistens verwittert. Schlossherren, die etwas auf sich hielten, bereiteten solche Tafeln selbstverständlich bereits zu Lebzeiten vor; wer weiß, ob es im Todesfall der Filius genau so hinbekommt, «wie es sich gehört»…

Mit ihrer Allgegenwart des Todes und der Verstorbenen kann eine Schlosskapelle somit ein guter Ort sein, um sich kurz über die eigene Endlichkeit Gedanken zu machen – und dem, was danach bleibt.

Gartensaal

Wie schon im Kapitel über Parks angedeutet, hielt ab Mitte des 19. Jahrhunderts, ebenfalls aus England kommend und im Rahmen von Country-House-Vorstellungen, mit dem englischen Landschaftsgarten auch in vielen Fällen ein Gartensaal Einzug in kontinentale Schlösser. Denn wenn man sich schon die Mühe machte, seinen Park zu einem Kunstwerk, ja zu einem Gemälde umzuformen, dann wollte man auch, dass dieser Park in das Schloss «hineinspielte». Der Gartensaal, wenn es ihn in unserem Idealen Schloss denn gibt, ist ein meistens ebenerdiger, seltener in der Beletage gelegener Raum (im letzten Fall gibt es dann eine Terrasse und/oder eine Treppe herunter). Es ist der Ort, wo das Schloss zum Park hin durchlässig wird – ein entspannter Raum, der manchmal in der Dekoration das Thema Garten, Natur und Park erkennen lässt. Ein idealer Ort für sommerliche Erholung, ohne der Hitze ausgesetzt zu sein – und sehr geeignet für Feste, bei denen die Gäste (vor allem die Kinder) hinein und hinaus wechseln können.

Weitere Welten im Schloss

Die Beletage ist nicht alles, und so soll noch ein kleiner Einblick in ein paar andere Welten und auf ein paar andere Bewohner des Schlosses gewährt werden.

Hinter den Wänden und unter der Stiege – Herrschaft und Personal

Von den Gängen abgehend gibt es noch andere Türen, kleinere, bescheidenere. Da ist zum Beispiel die fast unsichtbare Tapetentüre im Umziehraum; wenn man sie öffnet, gelangt man in funktionalere, schlicht eingerichtete Räume, auf kleine, rohere, unmittelbarere Wendeltreppen in schlichterem Holz, die steil und eng gewunden in höhere oder tiefere Stockwerke führen, die bedenklich knarren oder schwingen, wenn wir sie betreten – oder die einfach in Gänge hinter den Wänden überleiten. Wir merken gleich: Hier kommt man schnell, aber nicht prunkvoll von unten nach oben und auch anderswo hin.

Willkommen in der Welt der unsichtbaren Personalwege hinter den Wänden.

Hier riecht es anders, intensiv nach Schuhputzmittel etwa wie im Schuhputzraum; nach Stärkesprays, frischen Wäschekörben und dampfend nach Bügeleisen in den Waschräumen und Bügelzimmern; nach altem, staubigem Holz auf den Wendeltreppen; oder nach der schnellen Zigarette zwischen zwei Erledigungen.

Bedienstete oder auch «Hausleute» beziehungsweise «Personal», von der Köchin bis zum unvermeidlichen Chauffeur, gehörten jahrhundertelang zum Schloss wie das Dach oder die Ahnenbilder. Heutzutage sind sie seltener geworden, das Repräsentationsbedürfnis ist weitgehend zurückgegangen, außer beim Geldadel. Wenn uns die Vorstellung befremdet, «Diener» im Haus zu haben, stellen wir uns das Schloss doch für einen Moment als ein Hotel vor. Dort würden wir keinen Moment in Frage stellen, dass es eine Köchin und eine Wasch- beziehungsweise Bügelfrau, Kellner oder Stubenmädchen, einen Gärtner oder andere gute dienstbare Geister gäbe. Diese Angestellten werden bezahlt, damit sie für den Komfort der Gäste sorgen; nicht viel anders ist das im Schloss. Mit dem Unterschied, dass die Angestellten des Schlosses meist länger bleiben.

Was viele nämlich recht rasch vergessen, die über die Abhängigkeit früherer Personalgenerationen auf Schlössern schimpfen, ist eine schlichte Tatsache, die ein Schlossbesitzer mir gegenüber einmal auf den Punkt brachte: «Der Vertrag gilt in beiden Richtungen.» Nicht nur Schlossherren müssen sich blind und bedingungslos auf die Loyalität und die Treue ihres Personals verlassen können; es gibt auch einen Grund, warum Bedienstete oft über Generationen für dieselbe Herrschaft arbeiteten; sie wussten, dass sie solange arbeiten konnten, wie es ihre Gesundheit zuließ; und wenn sie alt wurden und schwach, wurden sie eben in den meisten Fällen mit einer großzügigen Leibrente versehen bis zum Tod, gegen die heutige Pensionen verblassen müssen; außerdem war ihre Familie beim «Fürschten» quasi «mitversichert». «Personal» gehörte auch nach dem Ausscheiden zu einer Art von «Großfamilie» und wurde oft noch von den Enkeln der Kinder, für die sie gesorgt hatten, besucht und eingebunden. Ich selber habe diese Art von selbstverständlicher Treue gegen das eigene Personal im Umfeld meines Großvaters erlebt – kein Wunder, dass es oft eine starke Loyalität zu den Schlossbesitzern gab.

Ich will nichts schönreden; natürlich gab und gibt es Schäbigkeit, Missbrauch und Fehlverhalten; Zyniker werden mir mit «ius primae noctis» kommen und mit zahllosen «natürlichen» Nachkommen von Schlossbesitzern in umgebenden Dörfern; aber diese waren doch, in den letzten 150 Jahren zumindest, eher die Ausnahmen.

Vorbildlich funktioniert diese Verschränkung von «Schlossbewohnern» und Angestellten heute zum Beispiel in Schloss Castell unweit von Würzburg, wo sogar eine eigene Zeitschrift erscheint, die neben Familienneuigkeiten die enge Verschränkung von Winzerbetrieb und Schlossfamilie eindrucksvoll demonstriert.

Das Schloss stellt übrigens so seine besonderen «Putzanforderungen» an das Reinigungspersonal, weswegen man verstehen kann, dass gute Schlossputzfrauen «herumgereicht» und weiterempfohlen werden. Wer einmal erlebt hat, wie eine gut gemeinte Reinigung von alten, nicht lackierten Möbeln mit nassen Lappen zu katastrophalen Folgen führte, sucht erfahrene Reinigungskräfte. Oder man reinigt energisch eine Wand – wodurch nicht nur eventuell vorhandener Schmutz, sondern auch die alte Kalkfarbe verschwindet.

Es sind aber nicht nur die Reinigungskräfte, die es zuweilen an Fachkenntnis fehlen lassen. In manchen Schlössern wird von den ahnungslosen Besitzern schon mal eine teure Ming-Schale als Aschenbecher verwendet – oder ein kostbares Augsburger Silberstück steht achtlos im Gartenhaus herum.

Nachbemerkung: Zum Glück gibt es neben «schlossgeschulten» Reinigungskräften inzwischen auch (Internet-)

Einrichtungskataloge, die es erlauben, viele dieser zerstörten schlossigen Einrichtungsgegenstände halbwegs bezahlbar wieder zu ersetzen (der Katalog liegt in vielen Schlössern, nicht nur in Intellektuellenwohnungen).

Archiv

Irgendwo, möglichst weit von der Küche entfernt, stoßen wir vielleicht auf eine schwere, neuere Metalltüre und wundern uns über diese ungewohnte Maßnahme in einem Gebäude, in dem Türen nur in äußersten Notfällen erneuert werden. Ist hier eine jagdliche Wild-Kühlkammer im Schloss installiert? Nein, aber wir ahnen schon richtig, hinter dieser Tür befindet sich ein ganz besonderer Raum, in dem Dinge konserviert werden. Wenn es im Schloss brennt, dann soll das Feuer möglichst nicht auf diesen besonderen Raum übergreifen; und wenn, was Gott verhüten möge, die große Menge an Papier, die hier konzentriert zu finden ist, sich entzündet, dann soll der Rest des Gebäudes geschützt sein. Daher ist das *Archiv*, denn mit dem haben wir es hier zu tun, oft sogar ausgelagert. Doch wenn wir eines vorfinden und sogar als Besucher die Möglichkeit haben, es zu besichtigen, dann kann dieser Raum, der wie kein anderer das Gestern im Schloss möglichst intakt zu bewahren sucht, zu uns sprechen.

Er wird aber auch unfreiwillig Auskunft erteilten über Kriegswirren, Besitzerwechsel und andere Unglücksfälle. Sollten es zum Beispiel Historiker oder ihre wenig geliebten (und doch unendlich wertvollen) Verwandten, die Lokalhistoriker, einmal geschafft haben, in das streng gehütete Archiv eines Schlosses einzudringen, um endlich die Lücken ihrer Studie über die *Wirren der Cholerazeit in der Region* oder die *Frühzeit der gräflichen Familie* zu schließen, stehen nämlich oft herbe Enttäuschungen an. Wer bisher mit wachem Blick durch das Schloss gegangen ist, müsste fast automatisch zwei oder drei Aussagen über den vermutlichen Zustand des Archivs machen können, ohne überhaupt einmal hinein zu blicken.

Es dürfte zunächst einmal fast zwangsläufig eine furchtbare Unordnung herrschen. Denn noch niedriger als bei anderen Räumen ist hier die Motivation, Geld, Zeit und Arbeit zu investieren; wenn man nicht gerade händeringend eine alte Unterlage sucht oder von Haus aus an Geschichte interessiert ist (und wie es darum im Schloss bestellt ist, haben wir schon einmal angedeutet), geht man als Schlossbesitzer möglichst zügig vorüber an diesem stiefmütterlich behandelten Raum, an dem staubigen Sammelsurium von Kisten, Ordnern, überquellenden Schubladen oder Kartons, die sich bis zur Decke stapeln und die doch praktisch gar nichts mit den alltäglichen Notwendigkeiten zu tun haben. Zuweilen wird etwas hinzugefügt, rasch und ohne groß auf Ordnung zu sehen. So füllt sich der Raum und wird immer unübersichtlicher.

Wir wollen großzügig sein und einmal annehmen, dass in der vorletzten oder sogar letzten Generation ein Vorfahr seufzend in die Tasche gegriffen hat, um einen Archivar zu bezahlen, und dass dieser seine Arbeit sogar gut gemacht hat. Oder ein passionierter Historiker durfte einige Monate recherchieren und hat aus Dankbarkeit gleich ein wenig Ordnung geschaffen und gar ein Register erstellt. Auch dann dürfen wir keine vollständige historische Quellensammlung zur Geschichte des Schlosses erwarten. Vielleicht ist das Archiv nämlich überhaupt beinahe leer, weil im Jahr

1805 unter Napoleon bei der Besetzung ein Feuer ausgebrochen ist – vor der Einführung von Brandschutztüren. Oder weil 1945 sowjetische Truppen einzogen, vier Jahre im Schloss hausten und dabei alles als Heizmaterial verbrannten, oder, wie in einigen mir bekannten Fällen, das Archiv kistenweise nach Moskau sandten, wo es noch heute ruht, für die alten und neuen Schlossbesitzer immer noch unerreichbar.

Oder die Vorbesitzer des Schlosses «starben aus» oder verkauften das Schloss im Jahr 1840, woraufhin alle Quellen *davor* entweder verlorengegangen sind oder in irgendeinem Palais in einer fernen Stadt ruhen. Theoretisch sollten alle das Haus betreffenden Unterlagen zwar im Haus belassen werden, wenn der Besitzer wechselt; aber das würde einen hohen Ordnungsgrad voraussetzen und ist nicht immer garantiert. Oder, was noch irritierender sein kann, die neue Besitzerfamilie brachte ihr eigenes Archiv mit, woraufhin einige der vorhandenen Unterlagen, Landkarten und Urkunden von Besitzungen und Wäldern Kunde geben, welche ganz woanders liegen. Daher finden sich auch in Artikeln und Büchern immer wieder Sätze wie «... da das Archiv bedauerlicherweise mit dem Jahr 1857 abbricht ...» – Sätze, die von den Frustrationen der Arbeit mit historischen Quellen und besonders Schlossarchiven künden.

Aber nehmen wir einmal an, unser Archiv des Idealen Schlosses ist auch nahezu ideal ... Was können wir dort alles zu sehen bekommen? Nun, zunächst einmal alle möglichen historischen Aufbewahrungsmittel von Kisten über Kästen über Schubladensysteme bis zu Hängeregistern, die mit großen, fein säuberlich gepinselten Registern in fremdartigen alten Schrifttypen versehen sind; und darin viel Geschriebenes und viel Buntes.

An Geschriebenem sind das Schriftstücke, Urkunden, Korrespondenzen vor allem juristischer und wirtschaftlicher Natur, also Herrschafts- und Wirtschaftsakten, die sich zumeist um Land- und Forstwirtschaft, um Grundbesitz und Verpachtungen drehen: Landtafelextrakte, Dienst- oder Getreideregister, Robotlisten, Wald- und Fischweidenbeschreibungen, Zehent- und Steuerregister, Pächterverzeichnisse und Grundbuchauszüge und so weiter. Einiges davon erstaunlich alt – ein Dokument von 1438 kann locker mal dabei sein, wenn es juristisch wichtig war. Oder man findet Material zu gerichtlichen Angelegenheiten – seien es Rechtsstreitigkeiten, sei es, dass man selber Gerichtshoheit vor 1848 hatte und hier die Gerichtsakte verwahrt. Seltener, aber durchaus auch, können wir persönlichere oder gar private Dokumente, Korrespondenzen und andere Schriftstücke über die Jahrhunderte vorfinden.

An Buntem (und das ist für uns Schlossbesucher sicher am interessantesten) vor allem alte Karten und Pläne. Sollten diese zur Besichtigung freigegeben oder sogar in einer schönen Glasvitrine präsentiert sein, lohnt sich ein Blick auf die schönen, quietschbunten alten Katasterpläne und Grundrisse von Schloss und Umland, auf unendlich präzise und liebevolle alte Landkarten, von denen einmal alles abhing. Wie man auf Englisch sagt: *they don't make them like that any more …*

Seien wir ruhig ein wenig dankbar beim Anblick eines Archivs. Wenn es ein gepflegtes und geordnetes Archiv nämlich nicht gibt, kann es solchen bunten alten Karten nämlich durchaus passieren, dass sie als dekorative Lampenschirme oder ähnlich zweckentfremdet den Rest ihres Schloss-Daseins fristen…

Speicher

Wenn unser Besuch es erlaubt, ist der meist ziemlich große Speicher des Schlosses der letztgültige Beweis, dass nichts, aber auch gar nichts weggeworfen wird; er ist im wahrsten Sinne des Wortes ein Speicher, in dem alles abgelegt wird. Was soll man auch mit all dem Krempel tun, mit den alten Schränken etwa voller staubiger, veralteter Register und akribisch beschrifteten Hängeordnern, die man in Zeiten von USB-Sticks nun wirklich nicht mehr verwenden wird? Wegwerfen? Aber vielleicht ist etwas darin enthalten, was irgendwann einmal gebraucht wird?

Oder was machen mit dem uralten wunderschönen Schlitten mit den geschwungenen Bögen vorn, der vermutlich noch «ganz gut laufen» würde, bei dem die Kinder des Schlossbesitzers aber lieber sterben würden, als damit am Dorfhang gesehen zu werden? Wegwerfen oder gar … oh Graus … einen Flohmarkt abhalten? Aber erstens ist der Schlitten noch sehr schön, und zweitens ist man selber noch darauf gefahren und der Vater auch; und wenn schon, dann müsste man das Ganze angehen, den ganzen Speicher einmal gründlich durchgehen, und da gäbe es noch so viel anderes zu tun, was man vorher machen müsste, die Stromleitungen erneuern etwa …

Und wie würden einen die Gemälde anblicken, wenn man derjenige ist, der den Schlitten weggegeben hat?

Also bleibt er auf dem Speicher, neben alten Koffern, die eher Kisten gleichen, und uralten absplitternden Skiern mit veralteten Bindungen und Schränken und der Metallskulptur eines Dinosauriers (ungelogen! auf einem Schlossspeicher gesehen) und Kisten über Kisten voll mit vergessenen Hirschgeweihen und dem löchrigen Löwenfell vom Urgroßvater und Lampenständern mit und ohne Glühbirnen und zig völlig verdunkelten Gemälden, die mit dem Gesicht zur Wand stehen und Angelruten und rostigen abblätternden Spielzeugtretautos aus den zwanziger Jahren und und und.

Kein Wunder: Speicher sind für Schloss- und andere Kinder traumhaft zu erforschen und ein Alptraum für Eltern; sie sind dunkel und geheimnisvoll und riechen modrig, Rückzugszonen für Schlosskinder, denn Kindermädchen (oder heute: Au Pairs) trauen sich hier nicht herauf. Hier oben lebt und stirbt eine ganze Reihe von Tieren von der Fledermaus über Siebenschläfer, von Ratten bis zu Tauben darin und trägt zum charakteristischen Aroma bei. Oder man entdeckt solche unerwarteten Besucher wie den alten Schlosshund – so geschehen in einem deutschen Schloss vor dem Krieg. Der Hund war plötzlich weg – man nahm an, er sei überfahren worden –, monatelang passierte gar nichts, dann kam der Krieg. Einmal versteckten sich die Kinder des Hauses vor heranrückenden Truppen auf dem Speicher – und fanden dort zu ihrem Erstaunen die mumifizierte, ausgetrocknete Gestalt ihres geliebten Hundes, der offenbar auf dem Speicher gestorben war.

Man findet dort aber auch Schätze aller Art und kann sich an rostigen Nägeln das Knie aufreißen und sich dabei mindestens Tetanus, wenn nicht ältere Krankheiten holen, mit dem Fuß durch morsche Bretter brechen und die alten Pfeilspitzen aus Afrika verwenden, wenn man seine Geschwister durch die Gänge jagt, ganz zu schweigen von historischen, aber immer noch funktionstüchtigen Feuerwaffen, die ihren Weg niemals in die Sicherheitsschränke gefunden haben, welche das Feuerwaffengesetz heute vorschreibt. Ich selber habe einmal zwei Degen auf so einem Speicher gefunden, scharfe natürlich, und mir fröhliche Duelle mit einer gleichaltrigen Cousine geliefert, bis jemand uns entdeckte.

Das ist natürlich auf seine Weise kurios; doch lebt man als Schlossbesitzer mit all diesen Dingen, sieht sich als Teil von ihnen und holt daraus einen Teil seiner Persönlichkeit, seines Selbstverständnisses, seiner Demut gegenüber einer Familiengeschichte, die lange vor einem begonnen hat und lange nach einem enden wird.

Fauna im Schloss

Wir sprachen eben vom Hund auf dem Speicher, da ist es naheliegend, doch einmal auf all die ungebetenen und heimlichen Bewohner des Schlosses zu blicken, die neben Herrschaft, Personal und Haustier noch so in diesen Mauern kreuchen und fleuchen. Die meisten von uns werden in ihrem Haus oder ihrer Wohnung wenige andere Mitbewohner haben; höchstens eine Spinne oder Ameisen, die im Sommer zur Plage werden können. Ganz anders ist dies bei den Bewohnern des Schlosses, die haben zumeist eine ganze Menagerie dabei. Vor Jahren gab es ein spannendes ORF-«Universum» über die Fauna des Stephansdomes, die einer staunenden Öffentlichkeit den Wiener Dom als Lebensraum für unzählige Arten präsentierte; nun, über die meisten Schlösser könnte man wahrlich etwas ähnliches produzieren. Das liegt natürlich an den großen Räumen, die zum Teil wenig betreten werden, und an einem Ineinander von alten, oft hohlen und morschen Wänden.

Dass im Schloss andere Lebensräume existieren als

in bürgerlichen Wohnungen, durfte ich selber in meiner Kindheit in Bronnbach erleben. Auf einem Gang kam ich immer an einer Stelle vorbei, wo ein unangenehm-süßlicher Gestank herrschte; als Kind nimmt man das einfach hin und kombiniert nicht automatisch: «Da ist irgendwo was Totes.» Irgendwann war ich dann aber doch neugierig und ging dem Geruch nach, der mich zur Klappe eines Lüftungsschachtes in der Wand führte. Ich öffnete die Klappe und schrie.

Der Hohlraum dahinter war solide gefüllt mit hunderten von toten Bienen, die ihn wie ein geschlossener Block ausfüllten. Als eilig herbeigerufene Erwachsene die Bienen entfernten, kam darunter eine mumifizierte, tote Maus zum Vorschein. Sie war es, die so gestunken hatte.

Seitdem versuche ich, mir das Szenario auszumalen, das zu diesem grotesken Bild geführt hat. Ich bin nie sehr weit gekommen.

Mäuse also, und sicher auch Ratten, die hinter Mauern trippeln und krischpeln und die all die altmodischen Klapp-Mausefallen erklären, die ich als Kind im Schloss immer staunend wahrgenommen habe – das kannte ich in der Stadt natürlich nicht. Und Bienen, Wespen und ... Hornissen. Ein Schloss ohne Hornissennest ist fast undenkbar, bei all den warmen, trockenen, geschützten Speichern. Ein bekannter Schlossbesitzer berichtet von einem Schwarm Hornissen, der jedes Jahr in seiner *Gemäldegalerie* Station macht – trocken, warm, viel altes Holz.

An dieser Stelle übrigens noch eine «Schlossmethode» aus Westfalen, ein Hornissennest effektiv zu beseitigen: man erhitze Wasser in einem großen Topf, bis es kocht, und trage diesen Topf dann bis unmittelbar unter das Nest. Dann erklimme man, den kochend heißen Topf balancierend, eine

Leiter und hebe langsam den Topf hoch, bis das Hornissennest ganz von Wasser eingeschlossen ist. Und dann warte man einige Minuten, bis keine Hornisse mehr lebt.

Hmmmm ... Wenn ich mir die brutalen Risiken dieser Methode vor Augen rufe (entweder zerstochen oder verbrüht oder beides!), kann ich mir vorstellen, dass «man» in der eben beschriebenen Methode meistens nicht der Schlossherr selbst war ...

Nun zu anderen fliegenden Schlossbewohnern. Enten und Schwäne schwimmen im Wassergraben, Tauben sitzen gurrend am Speicher, und fast unvermeidlich Falken, Turmfalken, die zum Beispiel in einem Schloss eines Bekannten jedes Jahr nisten; Steinkäuze finden sich auch hier und da und treiben mit ihrem unheimlichen Heulen und ihrem Schritte-ähnlichen Herumtrapsen ahnungslose Gäste in wilde Angstzustände. Zuweilen sitzen plötzlich Eulen auf dem oberen Rand des Himmelbettes und glotzen auf die schlafenden Schlossbewohner hernieder. Früher hielt man sich auch gerne einen Uhu, zur Jagd nämlich auf Krähen und Elstern, aber mir ist kein Fall bekannt, wo es so ein Tier heute noch im Schloss gibt, es sei denn als ausgestopfte Variante.

Und dann natürlich jene allerpopulärsten aller Schlossbewohner, ohne die eine Weile lang Horrorfilme undenkbar schienen, nämlich Fledermäuse in verschiedenen Ausführungen, natürlich bevorzugt am Speicher; ich erinnere mich aber auch an zahlreiche Versuche, Schlosszimmer von herumirrenden Fledermäusen zu befreien, was gar nicht so einfach ist. Man kann das Zimmer verlassen und die Türe oder das Fenster offen stehen lassen – aber entweder machen die Fledermäuse es sich dann gemütlich und werden erst wieder unruhig, wenn man zurückkehrt – oder einige

Kampfgenossen nehmen denselben Weg herein und vergrößern den Flugzoo. Tief beeindruckt haben mich immer die seltenen Fälle, wo wir einmal bei Tageslicht diese weichen, hilflosen, fellbesetzten Flieger auf den Kieselsteinen vor dem Schloss fanden, wenn sie irgendwie aus ihren nächtlichen Schlafplätzen herausgepurzelt waren.

Ein Schlossbesitzer mit «Hospitality» berichtete mir vor einiger Zeit:

«Wir hatten ein Hochzeitspaar im Schloss – er großer Schlösserfan, sie weniger – die nach einer Nacht mit gepackten Koffern im Hof standen. Auf meine Nachfrage gab es nur undeutliches Gemurmel. Ich schickte meine Frau vor. Was war passiert? Wegen der großen Hitze hatten sie über Nacht alle Fenster geöffnet, einschließlich jenes über dem Kopfende. Die Fledermäuse sahen dies als willkommene Abkürzung und flogen über ihre Köpfe hinweg. Nach Aussage des Ehemannes floh seine frisch Angetraute schreiend zum Bad. Eine Fledermaus neugierig hinterher. Sie verließ das Bad nicht mehr.»

Eine andere Schlossbesitzerin erzählte mir, dass Tierschützer in ihrem Schloss 10 verschiedene Fledermausarten identifizieren konnten, darunter die seltenere mopsgesichtige Fledermaus.

Wem begegnen wir noch im Schloss? Mardern, die überall demonstrativ ihren Kot hinterlassen, und Siebenschläfern natürlich, zwei Tierarten, welche auf die selbstverständlichste Art vom Speicher Besitz ergreifen, als sei dieser ausschließlich für sie errichtet worden; die trippelnd und trapsend ganze Oberstöcke unsicher machen und zahllosen Schlossbewohnern schlaflose Nächte bescheren.

In einem Schloss wachte eine Neu-Schlossherrin jede

Nacht von Schritten aus dem benachbarten, unrenovierten Salon auf – bis während einer nächtlichen Wache die kuschlige Kinderstube einer Füchsin gefunden werden konnte, welche ihre Jungen durch ein zerbrochenes Fenster mit Nahrung versorgte.

Und natürlich die Insekten – von den oben genannten Wespen, Bienen und Hornissen kommen wir schnell zu den Spinnen: natürlich auch den normalen, kleinen, oder den spindelbeinigen Weberknechten, aber leider eben auch jenen unvorstellbar großen, fetten, grässlichen, welche ausgerechnet an so kinder-ängstigenden Orten wie dem alten, dunklen Klo am Ende vom Gang ihre Spinnwebenvorhänge über Jahrhunderte weben und böse auf das kleine, ängstliche Schlossbewohnerchen herabglotzen, das seine Notdurft verrichten will. Nicht zu vergessen die allgegenwärtigen Fliegen, die ganz plötzlich in Massen aus ihren Geburtsstätten in den Fensterrahmen klettern und ganze Räume bevölkern; immer nur bestimmte Räume übrigens, was vielleicht mit dem Einfallwinkel der Abendsonne zu tun hat; und die tickenden Holzwürmer in alten Möbeln, die angeblich bei Stühlen zuerst die Beine annagen, weil diese oft aus gedrechseltem Weichholz sind; bis zu den eifrig bekämpften Motten, die alte Kleiderschränke unsicher machen und für einen weiteren typischen Schlossgeruch sorgen – nämlich entweder (in manchen Schlössern) noch letzte aromatische Überreste von Kampfer oder, mittlerweile, die allgegenwärtigen Mottenkugeln oder -streifen in Schränken und Kommoden.

Wie gesagt, eine ganze Menagerie.

Von den heimlichen, meist vierbeinigen Bewohnern des Schlosses wollen wir jetzt noch einen Abstecher zu den unheimlichen machen; kommen wir also zum gruseligsten Kapitel des Buches, zum Thema…

Schlossgespenster

Mittlerweile haben wir alles im Schloss besichtigt; es ist bereits etwas dunkler; und wir sind in einem dieser Schlösser, in denen man übernachten kann. Wir haben unseren Schlafanzug übergestreift, sind in das Bett geschlüpft, haben noch eine Weile auf unserem Blackberry herumgespielt, nervöser, als wir es eigentlich zugeben wollen, versuchen, die Sicherheit der modernen Zivilisation noch eine Weile zu genießen; aber jetzt kommt der Moment: Wir schalten das Licht aus. Und sind alleine. Alleine mit der Dunkelheit; mit den Gerüchen und Geräuschen.

Mit den Gespenstern.

Gespenster und Schlösser gehören zusammen wie Suppe und Salz. Bevor uns die Horrorschriftsteller und -filmer der siebziger Jahre mit Geschichten von urbanem Horror wie *Amityville Horror, Rosemary's Baby* oder gar Hotel-Horror à la *The Shining* erschreckten, konnten wir uns in modernen Häusern halbwegs sicher fühlen. In Schlössern war das eine ganz andere Sache.

Wenn wir in einem dunklen Zimmer in einem Schloss liegen, womöglich am Ende eines langen knarrenden Ganges und mutterseelenallein, wenn dann in der Finsternis die Geräusche kommen, begreift man schon, dass man an dem Thema nicht vorbeikommt.

Es ist auch für Schlossbewohner immer wieder rätselhaft, was es alles an Geräuschen gibt, wenn die Dunkelheit einen umhüllt. Rascheln. Trippeln. Knarzen. Schritte. Wind,

der pfeift. Fensterläden, die klappern. Leises Gemurmel? Einiges davon erklärt sich einfach aus den obengenannten tierischen Bewohnern – und natürlich dem Alter des Gebäudes – und den mangelnden finanziellen Mitteln, alles zu reparieren.

Das absolute Highlight ist sicherlich der nacharbeitende Boden. In einigen Schlössern erleben wir das: zehn Minuten, nachdem wir das Licht ausgeknipst haben (oder besser abgedreht), kommen plötzlich durch die geschlossene Türe langsame Schritte durch die Dunkelheit auf das Bett zu und bleiben direkt vor diesem stehen. Was tun wir? Bleiben wir schwitzend und nach Luft japsend unter der Decke… oder stecken wir den Kopf heraus und sehen nach? Natürlich können wir uns sagen: alte Böden arbeiten manchmal nach – aber: was, wenn NICHT? Wenn da etwas steht, das ewig viel Zeit hat? Im wahrsten Sinne des Wortes?

Warum denken wir bei solchen Geräuschen unwillkürlich an Gespenster? Erstens sicher, weil wir in einem alten Haus sind; und machen wir uns nichts vor: In Häusern, die mehrere hundert Jahre alt sind, ist praktisch in jedem Zimmer nicht nur mindestens einmal etwas Schönes passiert, sondern eben auch mindestens einmal etwas Schreckliches. In jedem Schlafzimmer ist vermutlich schon einmal jemand gestorben (es gab keine Altersheime früher), vermutlich sogar in genau diesem Bett, in dem wir liegen, und auf dieser Matratze (erinnern wir uns – Neuanschaffungen etc.). Obwohl das gleiche auch für viele Hotelzimmer dieser Welt gilt, beunruhigt uns die Sache im Schloss ungleich mehr.

Was hinter dem Ganzen steht, ist für die meisten Menschen natürlich die Geistergeschichte. Den wenigsten ist es bewusst, aber die älteste klassische Geistergeschichte der westlichen Welt steht in einem Plinius-Brief und enthält bereits alle Elemente der modernen Spukgeschichte. Plinius erzählt darin von einem griechischen Philosophen in Athen, der beschloss, eine Nacht in einem alten Haus zu verbringen, von dem es hieß, dass es dort spuke. Er legte sich also schlafen. Nachts erwachte er und sah, wie eine blasse Gestalt (natürlich) mit rasselnden Ketten (natürlich) durch sein Zimmer ging, ohne ihn zu beachten. Sie verschwand durch die Wand. Der Philosoph sprang auf und

122

lief durch die Tür in den Innenhof des Hauses. Dort sah er, wie das Gespenst an einer Stelle des Hofes verschwand. Er merkte sich die Stelle und legte sich wieder schlafen (diesen Teil finde ich eher unglaubwürdig, ich wäre Hals über Kopf und hysterisch schreiend davongelaufen). Am nächsten Morgen grub man nach und fand genau an der Stelle ein Skelett eines Sklaven in Ketten.

Tja, und so ähnlich gehen die hunderttausende von Geistergeschichten vom Altertum bis in unsere Zeit – altes Haus, nachts, jemand Unheimliches durchquert das Zimmer, ohne uns zu beachten, rasselt mit Ketten, und dann etwas, was getan werden muss, um ihm die Ruhe zu schenken, in diesem Fall die Knochen finden.

Hier eine moderne Geschichte aus dem 21. Jahrhundert, so geschehen in einem Schloss unserer Tage, in dem bis dahin nach Aussage des Schlossherrn «noch nie etwas passiert» sei. Der Besitzer sitzt abends alleine im Salon, liest die Zeitung; plötzlich hört er aus dem oberen Stock Schritte, welche die Treppe herunter kommen, aber er weiß genau, er ist allein im Schloss. Die Schritte kommen näher, werden schneller, gehen aber an der Salontür vorbei und die Treppe nach unten, jetzt schon ein Rennen.

Und dann unten aus dem Hof ein entsetzlicher, markerschütternder Schrei, der langsam erstirbt.

Und Stille.

Der Schlossherr will nachschauen gehen, doch als er feststellt, dass sich bei seinem Hund alle Haare aufstellen und der sich weigert, das Zimmer zu verlassen, lässt er es lieber.

Natürlich haben wir sofort Erklärungen bereit, der allgegenwärtige «Scherz» ist gleich die erste. Aber etwas beunruhigend ist es doch, oder?

Was steckt hinter solchen Geschichten? Ich denke, es haben sich heute drei «Erklärungsschulen» herausgebildet, die ich wertneutral nebeneinander vorstellen möchte. Alle drei haben meiner Meinung nach einiges, das für sie spricht.

«Einfach nur Geschichten»

Theorie 1 (die skeptische) sagt: Es gibt natürlich keine Gespenster. Alles, was uns nachts, im Halbschlaf, in Geräuschen im Schloss begegnet, haben wir selber mitgebracht, durch unsere Erwartungen, Ängste, halbverdaute Filme, gehörte Geschichten. Nachts sind unsere Vernunftorgane gedämpft, der Schlaf der Vernunft gebiert Monster etc. Und ein Großteil der sogenannten Geistergeschichten fällt in sich zusammen, wenn man den Dingen genauer auf den Grund geht; nachfragt, wer denn nun wann genau was gesehen hat – oder ob es nur «heißt», dass da etwas sei.

Viele Schlossbesitzer erschrecken auch einfach nur gern ihre Gäste mit Geschichten, so wie früher alte Frauen die Kinder. Zudem gibt es aus den letzten Jahren verstärkt nicht-parapsychologische Spukforschungen, vor allem aus England, die einiges aufgeklärt haben, von den sogenannten «cold spots» über jüngere Ergebnisse der moderne Schlafforschung bis hin zu den Einflüssen, die Infraschall-Flecken in einem alten Haus auf unsere Pupille haben können (Gestalten am Rande der Peripherie usw.).

Unromantisch? Ja.

Beruhigend? Vielleicht.

Befriedigend?

Erinnerungsbilder

Theorie 2 sagt: Ja, es gibt Gespenster, man kann ja all die Geschichten nicht als reine Erfindung abtun, etwas muss da sein. Aber Gespenster sind nicht so etwas wie die Seelen von Toten; sondern manche Menschen (nicht alle) können unter bestimmten Umständen an gewissen Orten gewisse Dinge sehen, die dort quasi wie ein gespeicherter Film auf sie warten: Ereignisse, Personen der Vergangenheit, die am Ort konserviert worden sind.

Menschen, die so etwas sehen können, nennt man «Spökenkieker» (Spukseher).

Ich kenne etwa die Geschichte einer alten Tante, die Ende des 19. Jahrhunderts von einem Kutscher an einem Bahnhof in Schlesien abgeholt und durch Felder zu einem Schloss gebracht wurde. Unterwegs beobachtete sie interessiert eine große Gruppe von Laiendarstellern, die offenbar für ein historisches Stück zu üben schienen: Soldaten mit blutigen Lappen um die Stirn, mit Krücken und Waffen. Als sie nach der Ankunft den Kutscher fragte, hatte dieser nichts gesehen; später rekonstruierte man, dass sie das ehemalige Schlachtfeld von Leuthen überquert hatten, auf dem eine schreckliche Schlacht des Schlesienkrieges zwischen Kaiserin Maria Theresia und Friedrich II. von Preußen stattgefunden hatte.

Auf eine Art von «gespeichertem Film» würde die Tatsache hindeuten, dass in den meisten klassischen «Weiße Frau»-Geschichten die spukenden Personen gar nicht auf die Umgebung reagieren, sondern in einem eigenen Universum zu sein scheinen, dazu verdammt, wie in einem ewig ablaufenden Film immer wieder dieselben Gänge herunterzuschleichen, dieselben Bewegungen zu machen. Diese gespeicherten Erinnerungsbilder könnten sogar ein uns noch unbekanntes naturwissenschaftliches Prinzip sein.

Schon romantischer; etwas beruhigender; aber befriedigend?

Etwas ist da draußen

Die dritte Theorie sagt: Ja, es gibt sie wirklich, wir sehen die Seelen von verstorbenen Menschen, wenn uns Geister begegnen. Aber warum tun sie das, was sie tun? Vielleicht funktioniert die Erklärung ja so ähnlich, wie es der kleine geistersehende Junge im Film *The Sixth Sense* erklärt: diese Seelen sind abrupt aus dem Leben gerissen worden und können noch nicht «weiter» gehen, weil irgendetwas noch nicht «abgeschlossen» ist, und wir müssen ihnen bei diesem Schritt helfen.

Katholische Schlossbesitzer können das Phänomen schon seit Jahrhunderten auf ähnliche Weise begreifen – und ihm begegnen. Sie glauben an das Fegefeuer, in dem Menschen, die eben noch «nicht ganz soweit» sind, in den Himmel zu kommen, eine Phase der Reinigung durchschreiten; die Kirche ermutigt katholische Gläubige, für diese Seelen zu beten. Und Gespenster sind eben Seelen, denen Gott die außergewöhnliche Gnade zuteil werden ließ, auf ihren Zustand aufmerksam zu machen, damit man für sie betet und sie in das Licht der Seligkeit eingehen können.

Katholische Schlossbesitzer lassen in solchen Fällen Messen für die Verstorbenen lesen, und das scheint in den meisten Fällen für Ruhe zu sorgen (aber nicht immer).

Das können wir, denen in einem dunklen Zimmer gerade die Weiße Frau begegnet ist, natürlich nicht sofort tun. Aber mir wurde versichert, Kindergebete täten es auch.

Hoffentlich erinnern wir uns noch an welche, wenn es soweit ist.

Romantisch; befriedigend; aber eher beunruhigend, nicht wahr?

Wie vieles andere im Schloss gehören die Gespenstergeschichten ebenfalls zu dem «Erbe», das ein Schlossbesitzer übernimmt, für das er nichts kann, mit dem er leben muss.

Wie gehen Bewohner dieser Gemäuer mit diesem Phänomen um? Sehr unterschiedlich. Manche machen sich einen Spaß daraus, ihren Gästen unmittelbar vor dem Schlafengehen Andeutungen über ihr Schlafzimmer und die Blaue Dame zu machen, die ab und zu dort hindurchgeht (aber man müsse sich *überhaupt keine Sorgen* machen, das komme *wirklich nur sehr selten* vor). Eine besondere Variante dieses Verhaltens war eine Geschichte meiner Großmutter, wieder in Bronnbach: Als US-Soldaten sich nach dem Kriegsende überlegten, das Schloss zu einem Hauptquartier zu machen, hätte das für die zahllosen Flüchtlinge aus Böhmen bedeutet, dass sie sich ein neues Zuhause suchen mussten, was meine Großmutter unbedingt verhindern wollte; als nun der US-Offizier bei einem Rundgang, beeindruckt von den 700 Jahren Schlossgeschichte, nachfragte, ob es hier denn Gespenster gäbe ... wich meine Großmutter seinem Blick aus ... zögerte ... dann sagte sie schnell: «Also ich *selber* habe nie welche *gesehen* ...»

Die Sache war entschieden. Die Amerikaner suchten sich ein anderes Hauptquartier.

Manche Schlosskinder leben seit Jahrzehnten im Schloss und haben nie etwas erlebt; wieder andere zitterten ihre ganze Kindheit in ihrem einsamen Kinderzimmer am dunklen Ende vom Gang, sagten Gebete für die Verstorbenen – und hofften, dass diese nicht nachts zu ihnen ans Bett treten, um sich für die Gebete zu *bedanken*…

Und nun schlafen Sie gut.

Überleben im Schloss

*(oder Warum in Schlössern
alles anders werden muss, als es ist)*

Was nun folgt, ist nur noch ganz am Rande ein Aspekt des
Idealen Schlosses. Wir werden in diesem Abschlusskapitel
grausam in die Realität und damit in die Gegenwart zu-
rückgeholt; und doch gehört auch diese zur langen wech-
selvollen Geschichte der Schlösser.

«Kommt nach 17 Uhr, dann gehen keine Touristen
mehr durch den Salon». So lud ein Schlossbesitzer uns einmal zum Tee ein.

Nach der Lektüre dieses Büchleins haben wir eine kleine Idee davon bekommen, was die Freuden, Leiden und
Untiefen des Lebens im Schloss ausmachen können; vielleicht hat der eine oder andere Leser Lust bekommen, Urlaub im Schloss zu machen – oder gar eines zu kaufen und
selber zum Schlossbesitzer zu werden. Dass so ein Schritt nur
bei recht guten finanziellen Mitteln möglich ist, das heißt,
wenn man seinen Lebensunterhalt anderweitig verdient und
noch genügend Finanzen für allfällige Reparaturen übrig
hat, sollte im Verlauf dieses Buches klar geworden sein.

Aber wie macht man es wirklich, heutzutage, da einerseits Breitbandinternet, Kabelfernsehen und Google Earth

unwiderruflich Einzug in Schlossmauern gehalten haben, da aber zugleich die Wirtschaftslage einen Erhalt des Hauses in vielen Fällen nur noch bedingt zulässt? Wofür werden Schlösser heute verwendet? Wieviel Last und wieviel Freude bedeutet es heute, in so einem alten Gemäuer zu leben?

Auf seinen Lorbeeren und der Ahnentafel ausruhen ist heute sicher keine Lösung mehr. Wer nicht die «schlechte Sache» macht und sein Schloss kurzweg verkauft, woraufhin es in ein Tagungszentrum, ein Golfhotel, eine Schule oder ein Spa verwandelt wird; und auch wer nicht mit einem soliden Kapitalfluss gesegnet ist, der muss sich etwas einfallen lassen, um die nächste Rechnung für die längst fällige Reparatur am Dachboden zu zahlen. Schlösser lassen sich also in «profit castles» und «non-profit castles» einteilen, wobei letztere im Abnehmen sind.

Und was tun Schlossherren nicht alles mit ihrem Gebäude, um in der heutigen Zeit zu überleben!

Natürlich fallen uns zunächst die Besichtigungen ein, wir haben ja eben auf den vergangenen Seiten einige mitgemacht. Aber Schlossbesichtigungen bringen nur (neudeutsch) *Peanuts* und viel Mühe. Zumindest bieten sie einen Vorteil: Wer Führungen in seinem Schloss zulässt, kann als Gewerbetreibender seine Reparaturkosten steuerlich geltend machen – eine attraktive Aussicht in diesem reparaturanfälligsten aller Gebäude. Doch wenn man ernsthaft etwas für sein Schloss tun will, muss man schon mehr bieten. Und da gibt es einige Möglichkeiten für moderne Schlossbesitzer.

Eine spannende Lektüre bietet da Christoph Freiherr Schenck zu Schweinsbergs jährlich erscheinendes «Schenck's Schlösser und Gärten», eine ca. 500 Seiten lange Aufstellung historischer Häuser und Gärten im deutschsprachigen Raum. Schenck listet Schlösser und Herrenhäuser nämlich nicht nur auf, sondern stellt auch die Verwendungsmöglichkeiten und Freizeitangebote für die jeweiligen Gebäude vor.

Drei große Trends beherrschen demnach den Schlössermarkt, drei große potentielle Einnahmequellen aus Schlössern. Drei Aspekte, die auch in den vergangenen Jahrhunderten zu Schlössern gehört haben, natürlich unter anderen Gesichtspunkten.

Kulisse

Punkt eins ist das Schloss als Kulisse. Das naheliegendste ist natürlich die romantische Hochzeit im Schloss, mit Foto auf der Schlosswiese und Hochzeitsdiner unter der Rokokodecke. Erstaunlicherweise wollen viele Menschen immer noch den «schönsten Tag des Lebens» im Schloss feiern, vielleicht in Erinnerung an die Sisi-Filme oder Mädchenträume von Prinzessinnen-Outfits. Und das kann Geld für Schlossbesitzer bringen, für die Vermietung wie auch für Essen und/oder Übernachtung (siehe unten «Hospitality»). Hochzeiten gab es in Schlössern immer schon. Feste übrigens auch – vom Adventsmarkt über das Gartenfest mit Musikfestival bis zum Ritterspiel, viele Veranstaltungen fühlen sich in Schlossmauern und -höfen sehr wohl.

In eine ähnliche Kerbe schlägt auch der Punkt Filmdreh, der das Schloss als Kulisse verwendet wie die Hochzeit. Wenn es einem Schlossbesitzer gelingt, auf die Listen der Location-Scouts zu gelangen, eröffnet sich eine Einnahmequelle, die durchaus substanziell sein kann; zumal Filmdrehs heutzutage nur noch selten in der völligen Verwüstung der Schlösser oder Räumlichkeiten enden.

Bildung und Fortbildung

Dann gibt es da auch noch den Bereich Fortbildung: Seminare, Kurse, Institute und Universitäten finden in einem Schloss eine Überfülle von Räumlichkeiten, Schlafräumen, Infrastruktur vor, die sich prächtig für das Thema Bildung verwenden lassen – und das in einem schönen, meist abgelegenen Rahmen. Immer mehr Schlösser sind zu Bildungsstätten geworden oder werden als solche verwendet, wobei die Besitzer weiterhin im Haus oder in einem Seitenflügel leben.

Und dann gibt es natürlich die Schlossmuseen, die manchmal einfach nur (gelangweilten) Schulklassen oder Seniorengruppen die Exponate der Schlossgeschichte zeigen; manchmal geradezu absurde Museen beherbergen, oft auf dem Sammelspleen eines ehemaligen Schlossbesitzers aufbauend. Da begegnen uns Jagdmuseen, Tabakmuseen, Gemäldegalerien, Waffenausstellungen mit alten Hellebarden und Vorderladergewehren, Dioramen von Zinnfiguren, in denen räumeweise berühmte Schlachten nachgestellt wurden, Museen mit altem Spielzeug, Porzellansammlungen – um nur einige der Museen zu nennen, die sich praktisch ganz aus dem alten Inventar eines Schlosses gestalten lassen können.

Hospitality

Gastfreundschaft in alten Mauern, oder auch «Hospitality», noch so ein neudeutsches Wort, bei dem es Schlossbesitzer schüttelt: sie sagen lieber Gastfreundschaft, auch diese eine alte Schlosstradition. Manche Schlösser sind bereits zu Hotels oder Restaurants umgewandelt, andere hingegen öffnen erst in jüngster Zeit zögerlich und vorsichtig ihre

Pforten, denn Übernachtungen oder gar Urlaub im Schloss nehmen sprunghaft zu, und ein erbitterter Kampf um die beste Publicity in diesem Sektor hat begonnen.

Wir dürfen staunen über den frischen Geist, mit dem viele junge Schlossbesitzer ihre Gemäuer öffnen und für neue Besucher attraktiv machen. Vielleicht sagt uns das einiges über die Wandlungsfähigkeit und Flexibilität, die Schlossbewohner (trotz allem angeborenen Konservativismus) auszeichnet. Da begegnet uns denn oft eine erfrischend verkehrte Welt, wenn sich Schlossherr und Schlossherrin im Personalhaus einnisten, damit die Schlossräume frei werden für (bürgerliche) Besucher. Es ist auch nicht immer einfach, in Zeiten von teurem Personal die Räumlichkeiten sauber zu halten für luxusverwöhnte Großstädter; einen selber stören die zahlreichen toten Fliegen unter dem Fenstersims vielleicht nicht (man ist sie gewöhnt), aber für die zahlenden Besucher muss man schon mal darüber hinweg saugen.

Natürlich gibt es hier und da noch die klischeehaft andere Variante; jahrelang zurückgezogen lebende Schlossbesitzer lernen notgedrungen und zutiefst misstrauisch, dass ein übernachtender, zahlender Besucher kein schrecklicher Eindringling ist, dass man sich nichts vergibt, wenn man Gästezimmer etwas komfortabler gestaltet, indem man etwa zähneknirschend *doch* eine neue Matratze kauft, und wie man nachts um zwei Uhr Heizöfchen schnell repariert, ohne auf den Elektriker warten zu müssen.

Mich erinnern diese zaghaften ersten Schritte der letzten Unbelehrbaren immer wieder an die wundervolle Szene in Nathaniel Hawthornes *Das Haus mit den Sieben Giebeln*, als die alte Besitzerin in einem der ersten Kapitel schwer seufzend das Undenkbare tut und sich aus ihrem alten Herrenhaus herab ins Erdgeschoss begibt, um einen

Laden zu eröffnen und *Fremde* ins Haus zu lassen; man meint, sie müsse nackt vor den Kunden paradieren, so sehr seufzt und leidet sie dabei.

Gerade die «Hospitality» ist aber auch für viele von uns die Gelegenheit, all die Details und Gerüche und Orte genauer anzusehen und zu erleben, als dies bei einem schnellen Rundgang möglich wäre.

Und doch ... irgendwie bleibt auch alles wieder gleich im Schloss. Auch heute noch verbringen Schlossbewohner einen großen Teil ihrer Zeit damit, Möbel aus dem einen Teil des Schlosses in einen anderen zu schleppen, Zimmer umzuwidmen, vor großen Festen oder bei Jugend-Sommercamps Schlafräume zu schaffen; vielleicht wissen sie es selber kaum, wie alt diese ihre Tätigkeit ist; und so wird denn, was vor Jahrhunderten ein kleines Speisezimmer und dann jahrzehntelang ein Depot war, im Zuge der Zimmervermietung als Gästezimmer hergerichtet oder zu einem Kinderschlafsaal umfunktioniert; dafür muss man dann andere Möbellager im 2. Stock plündern – und entdeckt staunend das noch immer mit Zeitungsstreifen verklebte Umzugsgut der italienischen Urgroßmutter, welches sie damals zur Hochzeit 1915 mitbrachte, dann «irgendwo» deponierte und nie wirklich ausgepackt hat.

Oder jene schwere barocke Bank, welche in einem deutschen Schloss umgestellt werden sollte – und in deren kastenförmigen Fonds sich, in Zeitungspapier von 1914 verpackt, eine Sammlung kostbarer böhmischer Gläser fand.

So kehren Räume und Möbel nach einem langen Winterschlaf ins Leben zurück, wie sie es schon in den letzten Jahrhunderten getan haben – um dann vermutlich in 50 Jahren wieder eingemottet zu werden.

Wir sehen, alles bleibt gleich, obwohl die Zeiten sich wandeln, und die Schlösser mit ihnen. Ziehen wir unseren Hut vor so viel Frische, vielleicht mit einer Ahnung davon, warum manche Familien so lange auf ihren Schlössern überleben konnten: weil eben alles anders werden muss, damit alles gleich bleibt.

Epilog: Aufbruch

Unser Besuch im Idealen Schloss ist vorüber. Wir haben es erforscht, sogar darin geschlafen und die Angst vor Gespenstern gemeistert; uns vom Schlossherrn und den Ahnengemälden höflich verabschiedet; noch einmal die Gänge abgemessen; jetzt ist es Zeit, in die normale Welt zurückzukehren.

Was nehmen wir mit in unseren hektischen, gestressten, internetgesteuerten, handybetriebenen Alltag?

Zunächst einmal haben wir unseren Blick geschult; wir sind jetzt ein wenig zuhause hier, können etwas mit der Fassade, den Gängen und Zimmern und den Einrichtungsgegenständen anfangen, begreifen besser, was uns da entgegentritt. Wir werden auch nicht mehr an einem Schloss einfach achtlos vorbeifahren, und schon die äußere Fassade wird uns viel über das verraten, was drinnen ist und lebt. Ja, uns werden Schlösser zum ersten Mal auffallen, die uns bisher völlig entgangen sind, denn Deutschland ist, da hat Daniel Kehlmann recht gehabt, kein Land der Städte, es ist bevölkert von Bauern und ein paar kauzigen Aristokraten in ihren Schlössern. Vielleicht sind wir auch dermaßen auf den Geschmack gekommen, dass wir uns auf den Weg machen zu Schlössern, sie systematisch erforschen und nach der Idee des Idealen Schlosses in jedem von ihnen forschen.

Und einige von uns, die etwas betuchteren, werden sich

trotz aller Warnungen vielleicht irgendwann den Traum erfüllen und ein Schloss kaufen (dabei gibt es einen viel günstigeren Weg – eine Schlosserbin heiraten – es gibt sie nämlich durchaus immer noch).

Aber auch jene von uns, die all das nicht tun, können etwas mitnehmen. Wir haben zu Beginn unserer Besichtigung unseren modernen Alltag ins Schloss mitgenommen, ob wir wollen oder nicht; aber es ist ebenso möglich, das Schloss gewissermaßen in unseren modernen Alltag mitzunehmen.

Vielleicht etwas von der Ruhe?

Vielleicht ein Wissen um etwas anderes; das Bewusstsein, dass es andere Lebensformen gab und gibt, mitten in unserem Land, ruhigere, gewachsene Orte, in denen die Uhren nicht nur mechanisch langsamer gehen; umgeben von Parks, die unsere Seele in die Entspannung führen, ins Sich-verlieren?

Vergessen wir all das nicht…

…und kehren wir früher oder später zurück in jene fremde und doch vertraute, spartanische und doch exotische Welt des Schlosses.

Anhang

Hinweise auf beschriebene Schlösser

Natürlich waren wir vor allem im Idealen Schloss unterwegs – trotzdem sind genügend reale Schlösser erwähnt worden, zu denen hier noch einige nützliche Informationen nachgereicht werden sollen.

Gleich ein Wort zu dem mehrfach erwähnten Kloster/Schloss Bronnbach unweit Würzburg. Nachdem Fürst Löwenstein es vor Jahren verkaufte und es still um das alte Gemäuer im Taubertal geworden war, präsentiert sich Bronnbach heute, seit 2007, als dynamischer Ordens- und Wirtschaftsbetrieb. Mit einer Ordensgemeinschaft, Konzerten, Tagungen, Führungen und Weinproben stellt es wieder ein Besuchsziel der obersten Kategorie dar; mehr erfährt man unter www.kloster-bronnbach.de.

Nun zu den zwei literarischen Schlossbesichtigungen (leider ist das Bergengruen'sche Normalschloss wirklich ideal und nicht besichtigbar). Schloss Quedlinburg (in 06484 Quedlinburg) sollte man mit dem hübschen Fontane-Büchlein «Cécile» in der Hand durchstreifen (und dann unbedingt den Brocken und den Harz besuchen wie die Heldin des Buches). Führungen sind buchbar unter www.quedlinburginformation.de oder telefonisch über QLB Tourismus Marketing, 03946-90 56 24-5

Wie Tucholsky (und mit dem gleichnamigen Liebesroman in der Hand) können wir Schloss Rheinsberg (unweit von Berlin) besichtigen und die Qualität der Führung mit der im Buch vergleichen; zugleich auch das Tucholsky-Literaturmuseum ansehen: die Homepage der Stiftung Preußischer Schlösser und Gärten (www.spsg.de) oder die Telefonnummer 033931-7260 helfen weiter.

Kommen wir zu den Beispielen historischer Schlösser – da es wie gesagt 10 000 gibt, können diese nur willkürlich und unvollständig herausgepickt sein.

Als Renaissanceschloss besichtigenswert ist etwa Schloss Celle (www.schloss-celle.de), wobei hier eine Mischung mit Barock vorliegt; wer sich weit in den Norden vorwagt, kann die wirklich atemberaubende Renaissanceschloss-Anlage von Schloss Glücksburg bei Flensburg besichtigen (www.schloss-gluecksburg.de), mit Kapelle und Gruft. Weiter südlich, am Main, finden wir das Isenburger Schloss in Offenbach; wer mehr darüber erfahren will, kontaktiert am besten die Hochschule für Gestaltung in Offenbach, die ihren Campus heute im Schloss hat (www.hfg-offen bach.de).

Besichtigungswürdig sind weiterhin Schloss Horst in Gelsenkirchen (www.schloss-horst.de) oder, als vollständig erhaltenes Beispiel der Weser-Renaissance, Schloss Hämelschenburg zwischen Hameln und Bad Pyrmont (www. schloss-haemelschenburg.de).
Nun eher kursorisch zum Barock und zur Fülle an solchen sehr bekannten Schlössern wie Nymphenburg (www.schloss-nymphenburg.de) und Schleißheim (www. schloss-schleissheim.de) in und bei München, der Würzburger Residenz (www.residenz-wuerzburg.de), in wel-

cher die oben erwähnten Überschuhe hoffentlich noch Verwendung finden; Augustusburg und Falkenlust in Brühl (www.schlossbruehl.de), Charlottenburg in Berlin (wieder über die Stiftung Preußischer Schlösser und Gärten), und in Österreich natürlich Schönbrunn (www.schoenbrunn.at) und Belvedere (www.belvedere.at) in Wien – um nur ganz wenig an der Oberfläche zu kratzen.

Da ich selber keinen Bezug zu klassizistischen Bauten habe, kurz zwei Beispiele: Schloss Bellevue in Berlin, Amtssitz des Bundespräsidenten (www.bundespraesident.de/Die-Amts-sitze/~11086/Schloss-Bellevue.htm), oder Wilhelmshöhe bei Kassel (www.wilhelmshoehe.de/schloss.cfm).
Der Historismus mag Architekturpuristen entsetzen, trotzdem (oder gerade deshalb) entwickeln sich solche Schlösser oft zu echten Publikumsmagneten. Die berühmtesten historistischen Schlösser sind natürlich die Kreationen Ludwigs II. in Neuschwanstein (www.neuschwanstein.de), Herrenchiemsee (www.herrenchiemsee.de) und Linderhof (www.schlosslinderhof.de); außerhalb Bayerns, um nur zwei zu nennen, das Orangerieschloss in Potsdam (über www.spsg.de) oder in Österreich das von mir immer wieder beschriebene Schloss Grafenegg, eine einmalige Mischung von Spätrenaissance, Neugotik, Neurenaissance und Neubarock – ein echtes «Märchenschloss». Hier können Schloss und Park besichtigt und nebenbei eines der beeindruckendsten Sommer-Musikfestivals Europas genossen werden, unter www.grafenegg.at erfährt man auch hier mehr.

Jenes Stadtpalais in Aachen mit der hübschen, barocken «Klobibliothek», das ich unter dem Namen «Haus Heusch» erwähnt habe, heißt auch Wylre'sches Haus und steht in der Jacobstr. 35; es ist leider nicht zu besichtigen, außer natürlich von außen.

140

Wer die prächtige Küche des Hohenlohe'schen Schlosses Neuenstein besuchen möchte, macht sich am besten über www.schloss-neuenstein.de schlau oder ruft an: 07942-2209. Bei solch einem Besuch kann er auch gleich einen Blick auf ein prächtig erhaltenes Archiv tun, nämlich das Zentralarchiv des Hauses Hohenlohe.

Wer gut sucht, findet vielleicht noch die «tarnende» Stelle in der Bibliothek des Barockschlosses Assumstadt, das der Familie Waldburg-Wolfegg gehört; unter www.assumstadt. de kann man sich über Besuchszeiten etc. informieren.

Die enge und glückliche Verschränkung zwischen Schlossbewohnern und Winzerbetrieb kann man am besten in Schloss Castell bei Würzburg studieren; die Homepage www.castell.de gibt dazu Informationen, bietet bei etwas Suchen ein gigantisches «Familien & Betriebs-Photo» und gibt einen Vorgeschmack auf die köstlichen Weine. Zu dem Schloss gehört sogar eine kleine, seit 235 Jahren im Familienbesitz sich befindende Bank. Einziger Wermutstropfen: das Schloss selber ist nicht zu besichtigen.

Und schließlich ein kleiner Hinweis auf ein «Hospitality»-Schloss: Christoph Graf Waldburg und seine Frau laden in das prächtige Wasserschloss Unsleben ein; wer zum Beispiel in einem waschechten «Blauen Salon» nächtigen will, ist hier gut bedient. Einige Anekdötchen dieses Buches stammen von dort; mehr erfährt man unter www.schloss-unsleben.de oder auch telefonisch unter 09773-898 335.

Empfohlene Lektüre

In der Folge einige Bücher, deren Lektüre ich als hilfreich zum Verständnis des Phänomens Schloss erlebt habe.

Unverzichtbar als Gesamtüberblick über alle Schlösser im deutschsprachigen Raum ist natürlich

Schenck's Schlösser & Gärten 2010: Burgen, Klöster und Denk-mäler, Schenck Verlag, 2009, 496 Seiten von Chris Schenck zu Schweinsberg.

Ein topaktuelles, gut recherchiertes Kompendium, das neben historischen und touristischen Informationen auch moderne Verwendungsmöglichkeiten und viele Photos, Homepages etc. enthält.

Udo von Alvensleben / Harald von Koenigswald, Besuche vor dem Untergang. Adelssitze zwischen Altmark und Masuren, Ullstein Taschenbuch 1978, 267 Seiten.

Das sind die Reisetagebücher von Udo von Alvens-leben, der von 1925 bis 1945 Adelssitze und Schlösser in Mittel- und Ostdeutschland besuchte. 140 Gutshäuser und Schlösser besuchen wir mit ihm, alle noch «voll in Verwen-dung», ein tiefer Einblick in das Leben im Schloss am Ende einer Epoche. Recht melancholisch und manchmal auch sehr komisch.

Alfred Henrichs, Als Landwirt in Schlesien. Dlg, 5. Auflage 2008, 224 S.

Der Autor arbeitete in den 20er bis 40er Jahren als Landwirt, u. a. für Schlossbesitzer. Gibt einen guten Ein-druck von der stellenweise ziemlich unfähigen Art schle-sischer Adliger, mit dem realen Besitz umzugehen. Wenig über das Gebäude Schloss selber, mehr eine Kuriosität, aber auch ganz nett – alleine für die Anekdote jenes Adligen, der jahrelang auf Jagdreise in Afrika war – und wie er das seiner Frau kommunizierte.

Als *literarische Spaziergänge* durch Schlösser und Schlossparks eignen sich natürlich in erster Linie diejenigen, die ich im Buch vorgestellt habe, also:

Theodor Fontane, Cécile

Ein wunderbares kleines Fontane-Novellchen, auch um einen Ehebruch, so etwas wie ein schwachbrüstiges Geschwisterchen von «Effi Briest», mit herrlichen Schilderungen des Kurlebens im Harz – und eben jener wunderbaren kleinen Besichtigung von Schloss Quedlinburg.

Kurt Tucholsky, Rheinsberg

Ein kurzer, enorm lesenswerter Liebesroman von Tucholsky, dünner, aber vielleicht sogar noch bezaubernder als «Schloss Gripsholm»; und auch hier erleben unsere beiden Liebenden eine schrullige Schlossführung mit Filzlatschen.

Werner Bergengruen, «Das Normalschloss»

Eine kleine lustige Kurzgeschichte, ist leider nur antiquarisch in Erich Kästners Sammelband «Heiterkeit in Dur und Moll» aus dem Jahr 1953 erhältlich, aber unbedingt lesenswert. Dieses Buch ist wie alles Antiquarische am schnellsten erhältlich über www.zvab.com.

Ansonsten sollte man unbedingt irgendeinmal etwas von Keyserling gelesen haben. Alle seine Bücher und Kurzgeschichten sind prachtvoll; ich empfehle als Einstieg meine Lieblingsgeschichte:

Eduard von Keyserling, Schwüle Tage (es gibt eine hübsche Manesse-Ausgabe).

In diesem, wie in allen Keyserling-Büchern, schlendern

wir gemeinsam durch Schlossparks, Landgüter und Schlösser des dahinsterbenden Baltikums, erleben Liebesgeschichten und kleine Tragödien, die letzte Süße einer vergangenen Zeit, durchsetzt mit dem Gift des Verfalls.

Und als Schmankerl, zum Thema Geister und Gespenster, hierzulande unbekannt, aber wissenschaftlich faszinierend:

Hauntings and Poltergeists. Multidisciplinary Perspectives, ed. by James Houran and Rense Lange, 2001 McFarland, North Carolina, 328 S.

Ein faszinierendes Buch und meines Wissens der erste Versuch, sich dem Phänomen von Gespenstern und Spuk ernsthaft aus so verschiedenen wissenschaftlichen Richtungen wie soziokulturell, physikalisch, geschichtlich, anthropologisch oder psychiatrisch zu nähern. Stellenweise staubtrocken mit Tabellen, und bei der Lektüre habe ich unendlich viel über die sehr normalen Hintergründe von Spuk gelernt – und trotzdem wird nicht alles «wegerklärt».